教育之本

歷代官學與民風教化

鐘雙德 編著

崧燁文化

目錄

文明傳遞崇儒重教

序言 教育之本

文化是民族的血脈，是人民的精神家園。

文化是立國之根，最終體現在文化的發展繁榮。博大精深的中華優秀傳統文化是我們在世界文化激盪中站穩腳跟的根基。中華文化源遠流長，積澱著中華民族最深層的精神追求，代表著中華民族獨特的精神標識，為中華民族生生不息、發展壯大提供了豐厚滋養。我們要認識中華文化的獨特創造、價值理念、鮮明特色，增強文化自信和價值自信。

面對世界各國形形色色的文化現象，面對各種眼花繚亂的現代傳媒，要堅持文化自信，古為今用、洋為中用、推陳出新，有鑑別地加以對待，有揚棄地予以繼承，傳承和昇華中華優秀傳統文化，增強國家文化軟實力。

浩浩歷史長河，熊熊文明薪火，中華文化源遠流長，滾滾黃河、滔滔長江，是最直接源頭，這兩大文化浪濤經過千百年沖刷洗禮和不斷交流、融合以及沉澱，最終形成了求同存異、兼收並蓄的輝煌燦爛的中華文明，也是世界上唯一綿延不絕而從沒中斷的古老文化，並始終充滿了生機與活力。

中華文化曾是東方文化搖籃，也是推動世界文明不斷前行的動力之一。早在五百年前，中華文化的四大發明催生了歐洲文藝復興運動和地理大發現。中國四大發明先後傳到西方，對於促進西方工業社會發展和形成，曾造成了重要作用。

中華文化的力量，已經深深熔鑄到我們的生命力、創造力和凝聚力中，是我們民族的基因。中華民族的精神，也已

序言 教育之本

深深植根於綿延數千年的優秀文化傳統之中，是我們的精神家園。

總之，中華文化博大精深，是中華各族人民五千年來創造、傳承下來的物質文明和精神文明的總和，其內容包羅萬象，浩若星漢，具有很強文化縱深，蘊含豐富寶藏。我們要實現中華文化偉大復興，首先要站在傳統文化前沿，薪火相傳，一脈相承，弘揚和發展五千年來優秀的、光明的、先進的、科學的、文明的和自豪的文化現象，融合古今中外一切文化精華，構建具有中華文化特色的現代民族文化，向世界和未來展示中華民族的文化力量、文化價值、文化形態與文化風采。

為此，在有關專家指導下，我們收集整理了大量古今資料和最新研究成果，特別編撰了本套大型書系。主要包括獨具特色的語言文字、浩如煙海的文化典籍、名揚世界的科技工藝、異彩紛呈的文學藝術、充滿智慧的中國哲學、完備而深刻的倫理道德、古風古韻的建築遺存、深具內涵的自然名勝、悠久傳承的歷史文明，還有各具特色又相互交融的地域文化和民族文化等，充分顯示了中華民族厚重文化底蘊和強大民族凝聚力，具有極強系統性、廣博性和規模性。

本套書系的特點是全景展現，縱橫捭闔，內容採取講故事的方式進行敘述，語言通俗，明白曉暢，圖文並茂，形象直觀，古風古韻，格調高雅，具有很強的可讀性、欣賞性、知識性和延伸性，能夠讓廣大讀者全面觸摸和感受中華文化的豐富內涵。

肖東發

教育先河儒學天下

　　教育是伴隨人類社會出現而產生的一種社會現象。中國古代教育起源於原始社會人的生產勞動和社會生活的需要及人自身身心發展的需要。在原始社會末的堯舜時期，就實施了素質教育、人才教育，以及教化民眾等一系列教育措施，開創了古代早期教育的先河。

　　春秋戰國時期，由於社會動盪，夏商周時期的官學逐漸式微，而私學適應了新時期的需要。當時的儒家私學最為成功，孔子、孟子、荀子在教育理論上的建樹也極富特色，對後世的影響十分深遠。

▌五氏授技的教育啟示

傳說在上古時候，人少而禽獸多，人類居住在地面上，經常遭受禽獸攻擊，每時每刻都存在著傷亡危險。在惡劣環境逼迫下，一部分人開始往北遷徙，他們來到中原一帶。

在這裡，人們受鼠類動物的啟發，在黃土高原的山坡上打洞，人居住在裡面，用石頭或樹枝擋住洞口。儘管如此，還是經常遭受禽獸的攻擊，隨時都有生命危險。

在氣候寒冷的北方先民走向穴居的同時，一部分畏寒不願北遷的南方先民，則開始考慮自己安全的居住了。在南方先民中，有一個聰明的人，受到鳥雀在樹上搭窩的啟發，

這種構木為巢建成的房屋，即擋風避雨，又可防止禽獸攻擊。從此以後，人們白天採摘橡栗，夜晚棲宿樹上，不再過那種擔驚受怕的日子。

人們非常感激這位發明巢居的人，便推選他為當地的部落酋長，尊稱他為「有巢氏」。有巢氏被推選為部落酋長後，為大家辦了許多好事，影響很大，各部落人都認為他德高望重，一致推選他為總首領，尊稱他為「巢皇」。也想在樹上搭建屋子，以躲避地面上野獸的襲擊。於是，他教人們先用籐條在高大的樹幹上纏繞成框架，再用樹枝遮擋四圍和頂部，待弄得嚴嚴實實後，房屋就這樣建成了。

自有巢氏之後，中華民族的先民告別洞處穴居，從此開始了安居生活。有巢氏的功德，反映了中國原始社會由穴居進入巢居的文明進程。

那時候，人們還只能吃生食，茹毛飲血。由於生食腥臊惡臭，傷害腸胃，導致許多人生了疾病。後來，人們發現火烤熟的食物味美且易消化。但是，因雷擊等產生的自然火種很少，而且容易熄滅，人們很難得到並保留火種。

這時，有個人發現，當鳥啄燧木的時候，燧木就出現了火花。於是，他就折下一截燧木枝，對著燧木反覆鑽，時間不長，拿在手裡的這截燧木枝冒出火來，就這樣獲得了火種。

這個聰明的人把鑽木取火的方法教給了人們，人類從此學會了人工取火，用火烤制食物、照明、取暖等。人們感謝這位能人，尊稱他為「燧人氏」。

人類自從有了火，就跟其他所有的動物永遠分道揚鑣了。因為其他動物始終不會用火，而人們卻因之改吃熟的東西，生活方式呈現劃時代的突破。人類雖然有了火，不等於就有了食物。為了獲取更多的食物，當時的人們靠自然採集和追逐、圍獵野獸，竭澤而漁的生活方式。但隨著人口的增長，食物來源越來越困難。

這時，有一個部落的首領叫伏羲，有一天他看到蜘蛛結網捕蟲，很受啟發，就借鑑蜘蛛結網的方式，發明了網。然後，他教會部眾用繩索編結成網，用網來捕捉禽獸魚蝦。這樣一來，人們的食物來源增加了。

伏羲具有神聖之德，他不僅教會了人們結網捕魚等，還教會了人們如何用火烹飪，從此人們享受到香噴噴的飲食；還教導部落裡的男女固定他們的配偶，並制訂夫婦制度；還

教導人們訓練捕捉到的動物，將它們馴化成家畜；還教導人們種植桑樹養蠶，抽絲紡織。

此外，伏羲仰觀天空雲彩變換、電閃雷鳴、下雨下雪，又俯察地上會颳大風、起大霧時飛鳥走獸的動向，然後根據天地間陰陽變化之理，創造了八卦，就是用八種簡單卻寓意深刻的符號來概括天地之間的萬事萬物。後人稱之為「伏羲八卦」。他還創造了文字，從而替代了在繩子上打結記事的方法。

伏羲以上的這一系列開創文明的貢獻，不僅對當時社會的發展起了巨大的推動的作用，而且成了中華文化的源頭。伏羲得到了後世人們的讚頌和崇敬。

在伏羲做了這些工作後不久，天地間卻發生了一件驚天動地的大事。在當時，有兩個部落的首領共工氏和顓頊氏，他們為了自己的部族的生存，在不周山這個地方進行決鬥，結果共工氏失敗。共工氏憤怒得發狂，他用頭猛烈地撞向不周山，一聲可怕的聲響之後，不周山被從中撞斷，轟然崩坍了。

不周山是天和地之間的主要支柱，支柱折斷，天庭立刻裂開一條巨縫。大地失去平衡，向東南急遽傾斜。一時間，日月無光，狂風暴雨在天地間肆虐。人類奔走呼號，眼看著就要像碎石子一樣地滾落到地極的黑暗深淵裡去了。

這時，在伏羲去世之後代替伏羲管理部眾的女媧氏，不忍心看到人們面臨浩劫，她採來山上的五色石頭燒煉，煉好之後，用它把天上的裂縫補住了。接著，女媧氏又用神龜的

四隻腳，當做四根支柱，把大地重新支起。因天裂而漏下來的大水還在地上奔流，女媧氏就用蘆草燒灰，鋪在地上把水吸乾，這就是現在的華北大平原，由於它是用蘆草灰鋪成的，所以平坦而又肥沃。

當人類不再擔心天塌地陷時，卻又因為另外兩件事而苦惱：一是不知道什麼東西可以吃和什麼東西不可以吃；二是對疾病不知道該如何治療。這時候，又有一個偉大的人物出現了，他就是神農氏。

神農氏的樣貌非常奇特，他身材瘦削，身體除四肢和腦袋外都是透明的，因此內臟清晰可見。他為了辨別食物是否能吃，就採集各種花草果實，一一地放到口中咀嚼並吃下。只要吃下的東西是有毒的，他的內臟就會呈現黑色，因此什麼藥草對於人體哪一個部位有影響就可以輕易地知道了。

有一次，神農氏把一棵草放到嘴裡一嘗，霎時天旋地轉，一頭栽倒。臣民們慌忙扶他坐起。

神農氏明白自己中了毒，可是已經不會說話了，只好用最後一點力氣，指著面前一棵紅亮亮的靈芝草，又指指自己的嘴巴。

臣民們慌忙把那紅靈芝放到嘴裡嚼嚼，餵到他嘴裡。神農吃了靈芝草，毒氣解了，頭不昏了，會說話了。從此，人們都說靈芝草能起死回生。

臣民們擔心神農氏這樣嘗草太危險了，都勸他回去。他又搖搖頭說：「不能回去！黎民百姓餓了沒吃的，病了沒醫的，我們怎麼能回去呢！」說罷，他又接著嘗百草。

教育之本：歷代官學與民風教化

教育先河儒學天下

　　神農氏透過嚐百草，分辨出了可以吃的五穀，並透過試種，掌握了栽培方法，然後教人種植這些五穀。從此，人們有了自己種植的糧食作物。

　　在教人耕作過程中，神農氏還因天之時，分地之利，「斲木為耜，揉木為耒」，發明了農業工具。耒耜的使用，大大提高了人們征服自然的能力。

　　在嚐百草過程中，神農氏還掌握了很多植物藥性，於是撰寫了一本書，定名《本草》。在這部人類最早的著作上，他詳細記載各種藥物的性能，告訴人們怎樣利用這些草藥防病治病，以求得壽命更長。

　　神農氏教會了人們開展種植業，開創了人類更加實用和可靠的生存方式，並引領農耕時代的到來。由於他對華夏農業文明作出了突出的貢獻，被稱為「華夏農業文明的締造者」。

　　上述關於有巢氏、燧人氏、伏羲氏、女媧氏、神農氏的傳說，在原始社會末期的堯舜時期，就開始流傳了，這些傳說被稱為「五氏傳說」。五氏都是三皇之後出現的偉大的神祇人物。

　　五氏諸神的一切活動，雖出自堯舜時的追記，卻也大致勾勒出華夏民族的祖先「人猿相揖別」的歷程。正是由於五神教會了人們諸多技能，人類從此成為主宰世界和創造世界的先鋒。

更重要的是，堯舜時的「五氏傳說」，表明堯舜時的人們已經有了教育觀念，而華夏民族的早期教育實踐也由此開始了。

閱讀連結

據傳說，神農氏的母親安登有一天去華陽遊玩時，因感應神龍之氣，在姜水河畔生下了他。他生下來時牛首人身，第三天就會講話，第五天就能行走，第七天牙齒長全。，魁梧偉岸，儀表堂堂。他因在姜水邊長大，就以姜為姓。

長大後，他帶著他的部落逐漸沿渭水、黃河向東發展，因與黃帝在阪泉發生衝突，被黃帝所敗，便來到了中原，先都陳，後徙魯，他一生最偉大的功績嚐百草和種五穀就是這裡完成的。

▌堯舜時期的教育實踐

堯舜時的五氏傳說，不僅反映出當時的人們已經認識到了教育的作用，其重要的意義在於，這一認識激發了當時的人們更自覺、更主動地去加以實施，促成了華夏民族早期教育實踐活動的展開。

事實上，作為以仁德教化天下的氏族部落聯盟首領，堯舜針對當時的情況採取了不少教育舉措，包括執政者的自身教育、人才的考試和選拔、教化民眾、生產方面的教育，以及對下一代的教育等。

執政者要積極進行自我教育，這是堯舜所重點倡導的。

教育之本：歷代官學與民風教化

教育先河儒學天下

據《尚書·堯典》記載：

若稽古，帝堯曰放勳。欽明文思安安，允恭克讓，光被四表，格於上下；克明俊德，以親九族；九族既睦，平章百姓。

意思是說：如果考查歷史，帝堯德名字叫放勳。他嚴肅恭謹，明察是非，善於治理天下，寬宏溫和，誠實盡職，能夠讓賢，光輝普照四面八方，以至於天上地下。他能夠明察有才有德的人，使同族人親密團結。族人親密和睦了，又明察和表彰有善行的百官協，調諸侯各國的關係，民眾也隨著變的友善和睦起來了。

在《皋陶謨》中，更是透過皋陶之口指出執政者如何進行自我教育：「表正萬邦，慎厥身修思永；弘敷五典，無輕民事唯難。」

意思是說：執政者是「萬邦」之表率，需謹言慎行，勤勉政事，深謀遠慮，以達到維持長治久安的目的；要廣泛的傳佈少昊、顓頊、高辛、唐、虞的著作，以仿效先代聖賢的做法，也不要忽視國計民生，要體會到其中的艱難。

《皋陶謨》中還記載了皋陶所說的執政者應該具備的九德：

寬而栗，柔而立，願而恭，亂而敬，擾而毅，直而溫，簡而廉，剛而塞，強而義。

意思是說：行事謹慎，如履薄冰；辦事方式柔和，又立場堅定；與人為善，從人心願，又嚴肅負責；處事公平而持重；耐心隨順，又極其果敢；嚴於律己，寬以待人；平易近人，

又堅持原則；做事主動堅決，又有節制；能力強，又能協調好關係。

在堯舜時的教育舉措中，人才的考試和選拔是一項重要內容。堯選鯀治水採取了先讓鯀試一試的做法，表明堯帝對選賢任能是非常審慎的。

舜即位後，透過民主形式，選拔任命了禹等二十二人分管各方面工作，並規定了「三載考績，三考黜陟幽明」的制度，即透過三年的考察，然後再黜退昏愚的官員，晉升賢明的官員。

堯舜時的教育舉措，還透過推行教化來調節人際關係，改善社會風俗，並由此形成了傳統。

帝舜為天下共主時，一方面任皋陶為士，制訂五刑以懲治邪惡一方面又任契為司徒，負責推行父義、母慈、兄友、弟恭、子孝等五倫教化，此即古代教化史上有名的「契敷五教」的典故。

契的工作比皋陶更有成效，他不以法令為先行，而以教化為先，被後人傳為美談。契開展他的教化工作的方法是，他先將五種倫常之教的要義懸掛在「象魏」上，讓民眾都來觀看，然後親自逐條解說，使之深入人心並轉化為自覺的行為準則。

象魏是當時天子和宮門外的一對臺觀式建築物，因其臺高像山一樣巍然聳立，故名「象魏」。「魏」和「巍」是通假字。當時稱國家的禮法教令為「象法」，用來懸掛象法的載體就是象魏。後來周族擁有天下後，象魏懸教的古法被發

展完善成一整套制度，一直貫穿於奴隸社會乃至封建社會的始終。

在當時，象法的內容分十二類：一為祭禮教育，使民知敬；二為陽禮，即鄉射飲酒禮教育，使民知讓；三為陰禮，即婚禮教育，使民知親；四為樂禮教育，使民知和；五為儀式教育，使民安分；六為傳統教育，使民守業；七為法制教育，使民遵紀；八為安全教育，使民不怠；九為制度教育，使民知足；十為職業教育，使民自立；十一為榮譽教育，使民修德；十二為獎優教育，使民建功。

此外，又有父子、兄弟、夫婦、君臣、長幼、朋友、賓客等七種倫理教育，統稱「七教」，與「十二教」互通。

堯舜都十分注重生產方面的教育。堯帝在這方面做出了許多安排，比如：他命令羲氏與和氏，嚴肅謹慎地遵循天數，推算日月星辰運行的規律，制訂出曆法，把天時節令告訴人們。

命令羲仲，居住在東方的湯谷，恭敬的迎接日出，辨別測定太陽東昇的時刻。晝夜長短相等，南方朱雀七宿黃昏時出現在天的正南方，這一天定為「春分」。

命令羲叔，居住在南方的交趾，辨別測定太陽往南運行的情況，恭敬的迎接太陽向南迴來，白晝時間最長，東方蒼龍七宿中的火星，黃昏時出現在南方，這一天定為「夏至」。

命令和仲，居住在西方的昧谷，恭敬的送別落日，辨別測定太陽西落的時刻，晝夜長短相等。北方玄武七宿中的虛星黃昏時出現在天的南方，這一天定為「秋分」。

命令和叔，居住在北方的幽都，辨別觀察太陽往北運行情況。白晝時間最短，西方白虎七宿中的昴星黃昏時出現在正南方，這一天定為「冬至」。

命令發佈後，堯帝教導他們說：「你們羲氏與和氏，一週年是三百六十六天，要用加閏月的辦法確定春夏秋冬四季來成歲。由此規定百官的職守，各種事情就都興起了。」

舜帝在位時也有許多這方面的教育舉措，比如：命棄為農官，教民百谷播種時間；命禹做司空，治溝洫，平水土；命益為虞官，掌山林等。堯舜還注重對下一代的教育，不僅有「教冑子」的專職人員夔，還有了專門場所「成均」。成均就是學校。舜帝時的學校，兼有養老、藏米之所，並且已有大學、小學之分。養老的場所逐漸成為傳授生產、生活經驗和知識的學校。

舜時就有專門的學官，管理教育事業，並已分為三大部分：契負責主持五種倫理道德的教育，伯夷負責主持祭祀天、地、宗廟之禮，夔負責專掌樂教。

以上事實說明，中國古代的德教思想、考試選拔人才的思想、社會教化思想、注重生產教育思想、借助樂教培養貴族下一代的思想，在原始社會都已萌芽了。

舜帝時專門教育培養下一代的教育場所學校的萌芽，以及考試選才制度的發端，在古代教育史上具有開創性意義。它表明，教育已開始成為一種專門的人類社會實踐活動，顯示了華夏民族早期教育實踐水平的飛躍。

閱讀連結

堯舜時洪水泛濫，堯的幾個大臣即五嶽之主就推薦鯀治水，但堯對人才的選拔非常謹慎，決定先讓鯀試試。鯀治水用堵截之法，結果失敗了。透過實踐考驗，堯發現鯀的能力不足，還帶來了更大災害，就重重地處罰了鯀。

此後，堯又對鯀的兒子禹進行考察，看看他能不能完成這項任務。禹繼承父親遺志，認真總結前輩的經驗教訓，採取疏導之法，終於治水成功，成為英雄人物。堯對禹很滿意，就讓他擔任更多的工作。禹的能力也越來越強了。

夏商周時期的教育

大約在四千多年前，黃河流域洪水為患，鯀治水失敗後，舜帝就讓鯀的兒子禹擔當治水大任。

禹首先教會了人們使用尺、繩等測量工具，然後到主要山脈、河流做了一番嚴密的考察。他發現龍門山口過於狹窄，難以透過汛期洪水；還發現黃河淤積，流水不暢。在徹底瞭解了山川地形的情況後，他決定用疏導的辦法治水。

禹集中起來治水的人力，在群山中開道。他指導人們疏通河道，拓寬峽口，讓洪水能更快地透過；還指導人們在高處鑿通，低處疏導。

在艱辛的日日夜夜裡，禹的臉曬黑了，人累瘦了，甚至連小腿肚子上的汗毛都被磨光了，腳趾甲也因長期泡在水裡而脫落，但他還在操作著、指揮著。在他的帶動和指導下，

治水工作進展神速，大山終於豁然屏開，形成兩壁對峙之勢，洪水由此一瀉千里，江河從此暢通。

由於禹治水成功，舜帝按照以前部落聯盟內採用的禪讓方式，在自己老的時候，把王位傳給了禹。

禹在治水過程中，依靠艱苦奮鬥、因勢利導、科學治水、以人為本的理念，克服重重困難，終於取得了治水的成功。

禹接受王位禪讓後，又在塗山召集部落會盟，征討三苗，將三苗驅趕到丹江與漢水流域，取得了勝利，鞏固了君權。

由於禹是夏部落首領，曾經被封為「夏伯」，禹治水成功和征三苗勝利後，「夏」就成為國名，中原地區從此出現了「國家」的概念。這便是歷史學家所認定的中國歷史上第一個奴隸制世襲王朝夏王朝的起始。

禹教會了人們怎樣和自然作鬥爭，使人們掌握了很多相關知識，用於發展生產，再加上當時經濟上擴大交流範圍和政治上實施政令的需要，使文字有了新發展。

文字是教育的重要手段，可以記錄人們的思想活動，積累知識經驗，也可以突破時空的限制，把知識傳授給下一代。夏代文字的發展，促使教育工作開展起來。

在當時，夏代的教育工作是國家的重要任務，由國家機構中六卿政務官員之一的司徒主管教化。教育的目的是要把貴族階級的成員及其後代培養成為能射善戰的武士，即所謂「以射造士」。

教育之本：歷代官學與民風教化
教育先河儒學天下

　　在教育內容方面，一方面，夏代很重視軍事教練。當時弓箭是主要武器，成為教練的主要項目；另一方面是宗教教育，這種宗教教育以敬天尊祖為中心。人倫道德教育也是當時教育的重要內容。

　　夏代國都有「序」這種學校的設置。它的性質，起初是教射得場所，後來發展成為奴隸主貴族一切公共活動如儀征、祭拜、養老的場所，也是奴隸主貴族教育子弟的場所。

　　夏代地方也有學校，被稱為「校」，屬於鄉學性質。夏代曾利用寬廣的場所來進行軍事訓練，從而成為習武的場所。

　　至商代，由於奴隸制度進一步發展，生產力日益提高，文化更加豐富，科學也有相應進步，教育也有了明顯地進步。甲骨文的發現和研究，證實古籍中關於商代學校的記載是可信的。

　　商代的學校名稱有「序」、「庠」、「學」和「瞽宗」等。「學」是學習一般文化知識、專門進行思想品德教育的場所。「瞽宗」原是商人祭祀樂祖的宗廟，後來發展成為商代貴族子弟學習唱歌、舞蹈的場所，即所謂「以樂造士」。

　　教師由國家職官擔任，教育的內容包括宗教、倫理、軍事和一般文化知識。因此，在商朝已經具備了比較完備的學校。

　　商代頗重禮樂教育，即所謂「以樂造士」。當時有用作祭祀的場所「殷學瞽宗」，是樂師的宗廟。它位於國都南郊明堂西門之外，故也稱為「西學」。祭祀時禮樂相附，瞽宗便逐步變為對貴族子弟進行禮樂教育的機構。

商代崇尚天命，教育之中雖也包含道德因素，但未分解出純粹意義上的倫理道德教育。這種「德」也只在於強化順從天命和先祖意旨的觀念行為。

商代教育活動充滿神祕的宗教色彩，幾乎無事不占不卜。由此，與宗教有密切關係的數術，就成為殷人教育的重要內容。商代的數術教育，實際是依附於宗教占筮活動的。

當時的占卜已成為一種職業，不僅商王室的卜辭龜甲需要分類歸檔和專職管理，占卜活動本身也完全職業化了。巫者是掌握商代文化、文字、宗教占卜事宜的主要集團，他們所從事的每一項職業，都需要有嚴格的專業訓練。

商代王室貢職者或稱「臣」、「王臣」及「小臣」。他們大多數具有一技專長，或司主國家政權某一方面的要職，或具體分管某一方面的業務，都是一種經過一定專業教育的國家公職人員。

西周時期是奴隸社會發展到全盛的時期。它繼承商代的教育制度，建立了典型的政教合一的奴隸制官學體系，包括官學、鄉學和國學，形成了居於當時世界先進水平的六藝教育。

據《禮記》、《周禮》等文獻的記載，西周官學已有「國學」與「鄉學」之分。國學設在王城和諸侯國都，分小學與大學兩級；小學在城內宮廷中，大學在南郊；王城的大學稱為辟雍，諸侯國的大學稱為泮宮。

「辟雍」又分五學：居中者即以辟雍命名，也稱「太學」；南面的曰成均，也稱「南學」；北面的曰上庠，也稱「北學」；

東面的日東序，也稱「東膠」或「東學」；西面的日瞽宗，也稱「西雍」或「西學」。鄉學則按地方行政系統，州設序，黨設庠，閭裡設塾或校。鄉學的優秀生可以升入國學。

西周中期，政局趨向穩定，經濟和文化獲得空前的發展。教育方面逐漸增加政治、倫理的內容，要求提高文化教養的水平，形成了以禮樂為中心的文武兼備的六藝教育。

「六藝」由六門課程組成：禮，包括政治、歷史和以「孝」為根本的倫理道德教育；樂，屬於綜合藝術，包括音樂、詩歌和舞蹈；射，射箭技術；御，以射箭、駕兵車為主的軍事技術訓練；書，書法；數，包括讀、寫、算基礎文化課。

在六藝之中，禮、樂、射、御為大藝，主要在大學階段學習；書、數為小藝，主要在小學階段學習。禮、樂代表奴隸主階級的意識形態，是決定教育的貴族性質的因素。樂的作用主要是配合禮進行倫理道德教育，禮重在約束外表的行為，樂重在調和內在的情感。射、御也滲透著禮、樂教育。

西周晚期，奴隸主貴族的統治開始動搖。至春秋時期，封建經濟的因素不斷發展，周天子失去「共主」的地位，貴族中的一部分向封建地主轉化，士階層興起，貴族官學日即衰廢，代之而起的是私人自由講學，由此而展開古代教育的新局面。

閱讀連結

《周禮》中教育人們，見到不同等級的人，不同的場合，要有十多種不同的磕頭方式。連走路說話也都有章法。

比如在登上堂的時候，從東邊上的話先邁右腳，從西階上的話先邁左腳，每登一級都要稍停一下，讓兩足都在同一階之後再登。登堂以後，由於堂空間比較狹小，所以不必趨，而要「接武」，就是後一步要踩在前一步的足跡之半的地方。如果手裡拿著貴重的禮玉，那無論在堂上或是在堂下庭院，則不必趨，因為怕跌倒摔壞了玉。

▌春秋戰國時期的教育

孔子繼承前人注重教育的思想，在三十歲左右創辦了私學，並開始招收弟子。孔子私學的開創，揭開了古代教育的新篇章。

子路是孔子的第一批弟子之一。他比孔子小九歲，拜孔子為師時大約二十一二歲。子路名叫仲由，子路是他的字。子路是卞這個地方的人，當地的人都說他是一個「野人」。

　　子路個頭高大，性格粗豪，戴著一頂雞冠似的帽子，上面還插著一支雄雞的黃黑翎毛；衣襟上佩戴著公豬一樣的飾物。這兩樣東西是古人用來表明自己是一個真正的勇士的代表性佩飾。

　　子路沒有正經職業，喜歡戴著一身飾物到處遊蕩。他走在大街上，人們都要退避三舍。子路是個粗人，他聽說孔子很有學問，就脫掉原來那一身裝束，換上了儒者溫文爾雅的衣服，來見孔子。

　　孔子問子路：「你愛好什麼？」

　　子路回答說：「喜好長劍。」

　　孔子說：「憑你的才能，加上學習，誰能比得上呢？」

　　子路說：「學習難道有好處嗎？」

　　孔子說：「驅趕狂馬的人不能放下鞭子，操持弓弩的人，不能丟下正弓的器具；木材經過繩墨作用加工就能取直，人們接受直言規勸就會通達；從師學習，重視發問，哪有不順利成功的！」

　　子路說：「南山出產竹子，不經加工，自然就很直，砍下來用它做箭，能穿透犀牛皮做的鎧甲，為什麼要學習呢？」

　　孔子說：「把箭的末端裝上羽毛，把箭頭磨得更加鋒利，箭刺入得不更深嗎？」

　　子路施禮道：「感謝你的指教。」

孔子與子路最初相見時的這段對話，表明孔子循循善誘、誨人不倦的教育思想。面對子路的疑惑和反問，他因勢利導，語言簡明而深入地糾正了子路的觀點，讓人無可辯駁。

　　孔子創辦私學，是和當時的歷史背景分不開的。春秋戰國時期，是中國社會大動盪、大變革的時期。西周後期「學在官府」的教育走向衰落，而適應新形勢需要的新教育形式私學開始興起。而「士」的出現，則是私學興起，造成「文化下移」的社會基礎。

　　「士」，是春秋時期新出現的社會階層。士階層中有文士、武士，也有能文能武之士。士最初是從奴隸主貴族游離出來的，有一些是屬於平民階級，也有一些是屬於新興地主階級，以及獲得解放的奴隸上升為士的。

　　周平王東遷時，王宮裡的一些文化官吏流落到各地，比如宮廷中掌管禮樂的官吏紛紛出走，大樂師摯到齊國，二樂師干去楚國，三樂師繚到蔡國，四樂師缺去秦國，打鼓的方叔流落到黃河之濱，搖小鼓的武入居漢水附近，少師陽和擊磬的襄移居於海邊。

　　這些文化官吏由於失去了世襲的職守，流落於社會之後，成了古代歷史上第一批專靠出賣知識餬口的士。其中有些人就做了私學的教師。後來，由於奴隸主貴族或新興地主階級都想增強自己的實力，就紛紛招賢納士，士就成了他們競相爭取的對象，以至於在春秋初期就出現了「養士」之風。到了戰國時期，「養士」之風就更為盛行。

教育之本：歷代官學與民風教化
教育先河儒學天下

　　隨著階級鬥爭的深入，士階層中有些人墨守成訓，有些人則轉變成為批判舊奴隸制、批判舊文化的思想先驅。士階層產生、發展和分化的過程，同時也就是春秋戰國時期私學產生、發展的過程。

　　春秋中期已經有了私學，至春秋末期，私學日益興盛。儒墨兩家的私學，是當時的「顯學」。儒家學派是春秋時期在政治上、教育上影響都較大的一個學派，它的代表人物主要有孔丘、孟軻、荀況等。孔子在三十歲時開始講學，創辦了儒家學派的第一所私學。

　　孔子平時在曲阜城北的學舍講學，出外遊歷時弟子們也緊相隨。由於他在社會上漸漸有了名聲，弟子也就越來越多，孔子私學成了規模很大的教學團體。

　　孔子開辦私學，主張「有教無類」。教育的對象，不分地區、不分貴族與平民，都可以入學。這一主張適應了當時士階層的興起，順應了文化下移的歷史潮流，在古代教育史上具有重大的意義。

　　孔子私學的教育目的是「學而優則仕」，培養從政的人才。「學而優則仕」包含這樣的意思，即不學或者雖學而不優，就沒有做官的資格。孔子用它來補充世襲制，這一點對於奴隸制傳統是有所突破的，對以後兩千多年的封建教育產生了深遠的影響。

　　孔子私學，以六藝作為教育的內容。這是儒家私學有別於墨家、法家私學的基本特徵。孔子私學裡主要的科目是

「詩、書、禮、樂」，目的在於灌輸奴隸主階級的政治、道德思想，是為了恢復周王朝初期周公所指定的典章制度。

孔子私學所傳授的也不都是宣揚奴隸主階級意識形態的東西，其中一部分是關於自然科學的知識，如講到動植物的形態、物性、栽培和飼養的方法等。

孔子要求學生以「禮」來約束自己的言行，因而特別重視道德教育，而且積累了不少經驗。首先是重視樹立學生的道德信念，並予以感情的陶冶與意志鍛鍊，使之成為自覺的行為習慣。這在一定程度上，是符合道德教育的客觀規律的。

在春秋末期，孔子私學的規模最大，存在了四十多年，弟子三千人，「身通六藝者七十二人」。這是其他學派的私學所不及的。

孔子去世後，儒家分為八大派。在教育上影響最大的是孟子私學和荀子私學。他們站在地主階級立場上，繼承和發展了孔子的教育學說。

孟子私學是戰國中期有很大影響的學派。孟子私學的教育目的是「明人倫」，因而特別重視人的內在能力的培養，主張發揮人天生的善性。把教育看做是人心內發的作用。孟子私學的這些理論和經驗，成了後世儒家教育的經典。

荀子私學是戰國末期集大成的學派。荀子私學對學生要求很嚴格，教師有絕對權威，因而能夠培育出像李斯、韓非這樣在當時屬於第一流的政治家和理論家。荀子私學非常重視傳統文化知識的教育，因而在儒家經典的傳授上，有著特

殊的地位。西漢的許多經學大師，在學術思想上大多是淵源於荀子學派。

墨家學派在春秋末期及戰國時期和儒家私學並稱為「顯學」。墨家創始人是墨翟，被稱為「墨子」。墨家學派成員多數來自社會的下層，有些人直接從事生產勞動。

墨家私學是個嚴格而有紀律的政治團體和學派。墨家私學可以派學生去做官，但不能違背墨家「兼愛」、「非攻」的宗旨，否則隨時將學生召回。墨家私學要求學生具有刻苦、耐勞、服從和捨己為人的精神。在墨家私學裡，生產勞動、科技知識是主要科目，並且要求學生參加實際的生產勞動。

道家創始人是老子，道家私學主要有兩派：一派集中在齊國稷下，稱為「稷下黃老學派」，以宋鈃、尹文、接予、環淵等為代表；另一派是以莊子為代表。他們都繼承了老子的思想。

稷下黃老學派的學說經過荀子、韓非改造後，向唯物論方向發展，產生了積極的意義。

以莊子為代表的道家學派，則把老子「絕聖棄智」、「絕仁棄義」思想引向極端，莊子認為教育是桎梏人性的，應該取消。莊子消極、頹廢的思想，對魏晉時期的教育發生了深刻的影響。

法家學派的產生，與孔子的弟子子夏有關。孔子去世後，子夏到魏國，在西河講學，弟子三百多人，李悝、吳起、魏文侯等都是他的學生。戰國中期著名的法家商鞅，就是李悝的學生。

法家代表人物商鞅提倡「耕戰」，非議「詩書」，排斥「禮樂」，主張「燔詩書而明法令」，以官吏「為天下師」，「學讀法令」。另一個代表人物韓非又發展了這些思想。法家學派的主張，實際上是取消了學校教育，以後的歷史也證明了它是不可取的。

　　春秋戰國時期私學的發展，衝破了「學在官府」的舊傳統，教育對象由貴族擴大到平民。同時，由於各家各派相互抗衡，又相互補充，形成了「百家爭鳴」的盛況。這既促進先秦時期學術思想的發展，又培養出了大批的人才，各家各派的大師輩出。孔子、墨子、孟子、荀子、韓非等是其中的佼佼者。

　　春秋戰國時期的私學，在古代教育史上的重大貢獻，還在於教育理論上的成就，尤其是儒家在教育理論上的貢獻。儒家後學，總結了這一時代的教育思想和教育經驗，撰寫了《學記》、《大學》、《中庸》，闡述了教育的作用、學制的體系、道德教育體系、教學原則和方法、教師的地位等方面的理論，成為世界上最早的、自成體系的教育著作，奠定了古代教育的理論基礎。

閱讀連結

　　現在的學界一般認為孔子是第一位打破學在官府、開辦私學的人。但有的史學家認為，孔子時私學已經比較繁榮，因此他不可能是第一位開辦私學的人；老子先為朝廷教官，後在民間教學，具備了打破學在官府的條件；《史記》、《漢書》等典籍都有老子在民間收徒講學的記載。

　　但不可否認的是，孔子的「有教無類」、「因材施教」等教育理念，其影響是最為久遠的。也許正是基於此，《中國古代教育史》上說，孔子「開創私學，建立了儒家學派。」

▌先秦儒家的道德教化

　　有一次，孔子的弟子曾參與父親曾晳一同在瓜地裡勞作，曾參稍不留神，斬斷了瓜苗的根。曾晳看到兒子不知愛惜物力，做事不謹慎，舉起手上的大杖就向曾參的背部打去。

　　曾參見父親因自己做錯事而生氣，心裡很慚愧，也不逃避，就跪在地上受罰，可身體承受不住，便暈倒在地，不省人事，過了很久才慢慢甦醒過來。

　　曾參剛睜開眼睛，就想到了父親。為讓父親安心，他歡歡喜喜地爬了起來，整理好衣冠，恭恭敬敬地走到父親面前行禮，向父親問道：「父親大人，剛才孩兒犯了大錯，使得父親費了很大的力氣來教育我，您的身體沒有什麼不舒服的地方吧？」

　　父親聽了兒子的問候，又見兒子似乎沒有什麼大礙，也就放了心。

　　曾參退回了房間，拿出琴開始高聲彈唱起來，他希望歡樂的音樂與歌聲能傳到父親耳中，讓父親更加確認自己的身體無恙，可以安心。

　　聽到這件事的人都很敬佩曾參對父親的孝順，可孔子很不高興，對門下的弟子們說：「曾參來了，不要讓他進來。」弟子們有些奇怪。

曾參知道後，內心很是惶恐不安，先生如此生氣，一定是自己有做得不好的地方，可仔細檢點反省，卻又不知道自己錯在哪裡。於是，他就請其他同學去向老師請教。

孔子對前來請教的弟子說：「舜在侍奉他的父親瞽瞍的時候非常盡心，每當瞽瞍需要舜時，舜都能及時地侍奉在側；但當瞽瞍要殺他的時候，卻沒有一次能找到他。如果是小的棍棒，能承受的就等著受罰；可如果是大的棍棒時，就應該先避開。」

「這樣，瞽瞍就沒有犯下為父不慈的罪過，既保全了父親的名聲，舜也極盡自己孝子的本分。而如今，曾參侍奉他的父親，卻不知愛惜自己的身體，輕棄生命直接去承受父親的暴怒，就算死也不迴避。倘若真的死了，那不是陷父親於不義麼？哪有比這更不孝的呢？」

弟子們一聽，深受教育，都覺得先生說得正確，就把先生的話告訴了曾參。

曾參感嘆地說：「我真是犯了大錯呀！」於是就親自前來，很誠懇地向先生拜謝並悔過。

在先秦時期，儒家的道德教化思想中，孝道是實施教化最重要的一條。儒家的孝道是基於傳統所重的血緣根基上的，這一根基早在西周時期就被重視並確立起來了。

古代道德教化的主調是由周公奠定的。周公為中國儒家教化理論奠定了兩個理論基礎：一是對血緣親情的重視；二是以情感為道德教化的核心，方法是薰陶、涵養、塑造。

教育之本：歷代官學與民風教化

教育先河儒學天下

　　周公的偉大之處並不僅僅限於倡導對親情的重視，更在於制訂了溫文爾雅的表達血緣親情的儀式，獲得了濡染人心、教化人群的偉大功效。

　　至春秋時期，雖然出現了「禮崩樂壞」的局面，但此時血緣根基在家庭的穩定上仍是一個根本原則。因此，儒家仍然把道德的根基奠於親情之上。

　　孔子的貢獻是把孝悌與仁聯繫起來，認為孝悌作為自然的孝親敬兄的情感，是道德意識的始點。正如他所說：「孝悌也者，其為仁之本與！」意思是說，孝順父母、敬愛兄長，就是仁的根本。

　　作為儒家的創始人，孔子繼承前代重民教民的傳統，開創性地將「仁」作為教化的核心，強調人道情懷。在孔子看來，仁德離我們並不是很遠，只要需要仁德，那仁德就來了。仁是一種普遍的人道價值，其本質是愛。由此孔子開顯了道德的大本大源。

　　圍繞著「仁」這一核心，孔子不僅提出了以孝教化的主張，還充分肯定了榜樣教化和音樂教化的力量，使儒家學派的教化思想更加豐富了。

　　在先秦時期儒家的道德教育理論中，道德榜樣占據著異乎尋常的關鍵地位。儒家對道德榜樣在道德教育中的巨大作用的深信不疑，在先秦時期的著作中常常可以看到。

　　譬如，孔子說：「君子之德風，小人之德草。草上之風，必偃。」意思是說，上層的道德好比風，平民百姓的言行表現象草，風吹在草上，草一定順著風的方向倒。

他又說：「君子篤於親，則民興於仁；故舊不遺，則民不偷。」意思是說，君王對自己的親眷忠厚深情，則普通人民就會因此走上仁德，只有這樣古人的禮儀仁德才不會敗壞遺失，民眾才會不偷盜枉法。

他又說：「德不孤，必有鄰。」意思是說，有道德的人是不會孤單的，一定會有志同道合的人來和他相伴。

他還說：「見賢思齊焉，見不賢而內自省也。」意思是說，見到賢人就向他學習，希望和他看齊；見到沒有賢能的人，就要以他為反面教材做自省。

曾參也說過：「吾日三省吾身：為人謀而不忠乎？與朋友交而不信乎？傳不習乎？」

意思是說，我一日反省自己三次，為人做事忠誠不忠誠？交朋友有沒有誠信？傳授的學業是否不曾複習？曾子的這一點後來成為儒家學者進行道德修養的功課，稱為「日課」。

這些言論表明，先秦時期儒家讚揚道德榜樣在改變人心與行為方面的功效。他們確信，當道德高尚的聖人存在時，社會的混亂就不會長久持續下去。

在先秦時期儒家道德教化主張中，還特別強調用禮、樂等方法和手段來化民成俗，從而給人心以啟發，使合於善。

早在周代，就用「雅」、「頌」音樂來強化嚴格的等級秩序，同時又收集、引導民間詞曲，吸取民間情歌中有利的成分進行加工，為其朝廷管理工作服務。

　　周代的王道音樂依其功用可分為致鬼神、和邦國、諧萬民、安賓客等，其中與宗教祭祀相關的音樂是王道音樂中最為盛大的，有祀天的、有祭地的，還有享其先祖的。在這些活動中，音樂被充分運用，發揮了它的恐懼修省、教化人心的作用。

　　至春秋時期，儒家提出「修身齊家治國平天下」的思想，主張用「禮樂」作為建立秩序、教化萬民的基本途徑，於此禮和樂的關係就變得親近起來。孔子認為，樂曲的高下涉及鄉風民俗的善否，所以，制禮作樂就不是普通之人所能措手的事。他認為，只有西周時期的周文王、周武王和周公具備這樣的條件。所以孔子說，有其位無其德和有其德無其位者，都沒資格制禮作樂。

　　樂產生於人心，卻又反過來作用於人本身，將人陶冶、教化。樂的功能不僅在於對民的教化，教民辨別是非，而且可以用樂治國安民。比如王者引領貴族在特殊的時期特殊的場合，對他們施以教化，以王道之樂來引導他們向符合於王政的方向發展。

　　總之，孔子為傳統的教化系統灌注了人類本源性的情感，並使之成為後世儒家道德教化文化的生命旗幟。對於錘煉中華民族的人格氣質產生了深遠而積極的重要影響。

閱讀連結

　　子路曾經問孔子：「聽說一個主張很好，是不是應該馬上實行？」

孔子說：「還有比你更有經驗、有閱歷的父兄呢，你應該先向他們請教請教再說，哪裡能馬上就做呢？」

　　冉有也問這個問題，孔子說：「聽說一個主張很好，是不是應該馬上實行呢？」孔子卻答道：「當然應該馬上實行。」

　　公西華問孔子為何答覆不同，孔子說：「冉求遇事畏縮，所以要鼓勵他勇敢；仲由遇事輕率，所以要叮嚀他慎重。」

　　孔子就同一問題作出不同的回答，表明了孔子的「因材施教」教育方法。

教育之本：歷代官學與民風教化

承前啟後教化之風

承前啟後教化之風

秦漢時期是中國統一的中央集權制國家確立與初步發展時期，其文教政策過程經歷了由秦代法治教育向漢代德治教育的轉變，完成了一個華麗轉身，由此奠基了其後古代社會文教政策的基調。

魏晉南北朝時期，官學及門閥家學雖然時興時廢，但尊孔崇儒學的漢化教育是其主流。隋唐時期，教育高度發展，尤其是在唐代，學校齊全，生徒眾多，不僅儒家教化及經學成就非比以往，科技教育也取得了了顯著成效，彰顯了封建社會教育的繁盛景象。

秦代法治教化的政策

西元前二一五年的秋天，秦始皇第四次出巡。秦始皇乘著車輦，在文武群臣的護衛下，浩浩蕩蕩地從碣石向東北的仙島前進。

隨著均勻的馬蹄聲，秦始皇不覺沉入對往事的追憶中，他回想起自己幼年在邯鄲時的老師，彷彿老人家就在眼前，雖說嚴厲，可令人欽敬難忘。

秦始皇想：我嬴政能有今日，其中也有他的一份功勞呢！

那位威嚴的老人第一次給秦始皇授課時，講的就是舜帝賜給大家的姓。他給秦始皇先分別講了「亡，口，月，女，凡」，然後再合成一個「嬴」字。第二天就要秦始皇背寫這個字。

秦始皇說：「老師，這字太難寫了！」

老師說：「什麼？一個嬴字就難住了！將來秦國要你去治理，難事多著呢，能知難而不進嗎？」說著就舉起了荊條棍懲罰他。

秦始皇已多年沒見過這位老師了，他聽說老人家已經去世了。

突然，車停了。前衛奏道：「仙島離此不遠，請萬歲乘馬。」

於是，秦始皇換乘了心愛的大白馬。過不多時，便到了島上。始皇環視渤海，胸襟萬里，豪氣昂然，更加思緒萬千。待到他低頭察看眼前時，忽然下馬，撩衣跪拜起來。

隨從的大臣們見此情景，莫名其妙，也只好跟著參拜。等皇帝站起身來，大臣李斯才問他為何參拜。

秦始皇深情地說：「眾位卿家，此島所生荊條，正是朕幼年在邯鄲時老師所用的荊條，朕見荊條，如見恩師，怎能不拜！」

後來，人們就把這個島稱為「秦皇島」。傳說島上的荊條為秦始皇敬師的精神所感動，皆垂首向下，如叩頭答謝狀。

秦始皇當上皇帝以後，還記得已去世多年的那位嚴格教誨過自己的老師，說明他有著尊師重教的良好修養，同時也在一定程度反映了秦王朝禮教的面貌。

秦國自秦孝公用法家思想為指導，實行變法後，就把「公」和「忠」作為最高的道德規範。由於變法的勝利，鞏固了地主階級的新秩序，所以自秦昭王起及至秦始皇統一全國，以血緣主的宗法觀念，逐漸被秦國管理者所重視。

秦簡《為吏之道》記載：

為人君則鬼，為人臣則忠，為人父則慈，為人子則孝；君鬼臣忠，父慈子孝，政之本也。

這說明「孝」不僅已被承認，而且提到了與「忠」相輔的地位。

其實，秦始皇后，秦王朝推行的封建道德規範，主要不是以教育為手段，而是仍依法家的「立法化俗」的思想。事實上，秦王朝在政治、經濟、文化教育上採取的所有措施，

莫不與鞏固統一有關，而其指導思想，主要來自法家的「一統」理論，其教化政策因此表現出鮮明的法家特色。

秦代在文化教育方面，將法家的法制思想發揮、推廣到極端的地位，採取了「書同文」、「行同倫」、「設三老以掌教化」、「禁私學」等一系列文教政策，使文化教育為鞏固中央集權服務。「書同文」、「行同倫」，這是秦始皇統一初年推行共同文字和規範社會倫理、行為習俗的教化舉措。

秦始皇統一後，為了消除戰國時期「言語異聲、文字異形」的現象，丞相李斯建議秦始皇進行文字的整理和統一工作，將「大篆」和「古文」綜合改造，減省筆畫，使之簡單易寫，形成新的文字「小篆」，又稱「秦篆」。

為了推動「書同文」在全國範圍內的有效實施，秦王朝統一文字後，立即組織編寫字書頒發全國。

秦代「書同文」的文教政策，不僅使漢字走向統一、規範化、定型化過程中邁出了關鍵性的一步，對古代文化教育的發展具有重大貢獻，而且對維護政治上、思想上的統一，形成中華民族統一的文化心理也有不可輕視的作用。

為了使民眾在行為上規範，秦始皇又推行了「行同倫」的治國政策，以整合統一後的各國民眾。

「行同倫」的目的在於改變原來六國貴族的不同民俗、道德和思想，教化民眾，使全國人民統一法度，統一思想。

這一政策雖屬專制國家對民眾強化管理的舉措，但它進一步融合當時各民族的風俗習慣，對於形成中華民族的共同心理狀態，增強民族凝聚力，也造成了積極的作用。

「設三老以掌教化」，這是對民眾實施普遍的思想教化的政策。「三老」是一種鄉官，是中央集權統治機構的基層組織中的官職之一。

西元前二一一年，秦國將分天下為三十六郡，郡下有縣，縣下有里、亭、鄉。基本上是十里一亭，十亭一鄉，鄉設三老，掌管鄉民法制教育、耕戰教育和尊卑教育。三老由國家給予一定公職待遇。朝廷透過設置三老直接對一般民眾進行廣泛的法制教育和思想教化。三老與「行同倫」的政策相輔相成，構成從朝廷到地方的思想教化系統，鞏固了國家的統一。

對於私學，李斯認為，必須由政治上的統一再推進到學術上的統一，否則異說橫行，會危及並瓦解政治的統一。他指出，今天下已定於一尊，但各私家學派仍以自己的學說相傳授，以標新立異為高，特別是「諸生不師今而學古，以非當世，惑亂首」，這是絕對不能容忍的。於是，李斯主張禁止私學。

私學是傳播學術思想的途徑，書籍是文化知識的載體，禁絕私學，就必然要取締在民間收藏流傳的各種文獻典籍。為了達到禁私學的目的，秦王朝透過刑法來強制執行，加大了對文化教育領域的治理力度。

秦代的博士制度也是秦代教育的重要內容。秦代沒有設置專門管理教育的職官，與教育關係相對比較密切的，當推博士。博士官在戰國時期已經出現，但尚無定制。秦統一後建立官制，博士才正式成為朝廷中的固定職官。

教育之本：歷代官學與民風教化
承前啟後教化之風

　　秦代的博士是指當時的博通古今之士。這些博士不專限於治六經，學術上有一專長即可得為之。秦代博士有不少是儒生，也有各種文學、方術之士。博士沒有專職行政事務，他們作為專家、學者，主要起諮詢、顧問的作用，都曾受秦始皇器重。

　　秦代博士是執掌《詩》、《書》和百家之語的，與教育管理關係密切。秦代的焚書禁令不施於博士執掌的書籍文獻，但在當時文化專制主義政策下，博士的講學和學術研究受到一定影響。

　　吏師制度是秦代培養官吏的主要方式。吏師制度雖然淵源於西周時期「學在官府」的教育管理制度，但它的指導思想卻出自法家的「以法為教，以吏為師」。秦代禁絕私學，士民唯一可學的只有國家的法令，教育者必然是執法的官吏。

　　李斯說：「今天下已定，法令出一，百姓當家則力農工，士則學習法令群禁」。他又明確指出：「若有欲學法令，以吏為師。」這些主張得到秦始皇的認可，成為秦王朝的一項基本文化教育政策。

　　秦王朝在統一六國之前，曾經在朝廷機構設有專門訓練吏員的「學室」。《秦律》規定：

　　非史子也，毋敢學學室，犯令者有罪。

　　「史」即在朝廷機構中從事文字工作的低級文吏。由此可見，秦代很早就存在「學室」，入學的弟子必須是「史」之子，學習的目的是培養為朝廷服務的文化官員。

秦代還專門制訂《除弟子律》，就學吏弟子的管理、任用辦法作了具體規定。秦簡有一篇《為吏之道》，據有關學者推測，這可能是學室中供吏師弟子學習的文化課本和政治課本。

秦王朝在政治方面注重實效、功利，質樸而率直，不事虛浮，主動性極強；在教育方面不師古，不崇經，以法為治，以吏為師，同樣具有鮮明的法家特色。

秦文化在古代歷史上影響最為深遠的，就是它的這種政治文化和教育文化。顯而易見，由於秦代的教育政策及社會教化推行至極致，在大一統國家形態和大一統國家觀念的秦文化中，占據著不可或缺重要地位。

閱讀連結

秦始皇統一六國後，準備在西元前二一三年執行郡縣制。這時，博士淳於越等人反對當時實行的「郡縣制」，要求根據古制，恢復分封制，還拿出「祖宗之法不可變」之類的陳詞濫調。面對淳於越等人的反對意見，秦始皇不但沒有處罰他們，還讓大臣們一起討論這個事情。

丞相李斯駁斥了淳於越等人的觀點，主張禁止百姓博士尤其是以古非今，誹謗朝政。同時，李斯又力陳郡縣制的好處，最後討論的結果仍然是執行郡縣制。

秦始皇最終採納了李斯的建議。

▌漢代德育教化的舉措

西漢代初期年，朝廷為復甦社會經濟，信奉黃老之學，實行「無為而治」的「休養生息」政策。這時的儒家尚未受到重視，但一些儒家學者卻在積極宣傳自己的主張，為以後漢王朝制訂文化教育政策做了理論上的準備。

漢代初期儒生總結了秦王朝滅亡的歷史教訓，得出一個重要結論，即「取天下」和「守天下」的時勢任務不同，管理者採取的治術也應有所不同。他們認為，秦王朝的滅亡，是一味執行法家路線造成的。

漢代初期政治家陸賈，提出「逆取而以順守，文武並用，長久之術」的策略性建議。他認為對人民的領導，應以「教化」為主要手段，而不可單靠刑罰，因為刑罰只能「誅惡」，不足以「勸善」，「勸善」要靠教化。

漢文帝劉恆時，政論家賈誼繼承陸賈的教化思想，進一步提出推行教化的關鍵是在各級官吏，因此主張「敬士」、「選吏」。選吏必須用士，用士之道則在於「敬士」。

漢武帝劉徹時，經學家董仲舒把戰國時期以來的各家學說以及儒家各派，在《春秋》公羊學的名義下融會貫通，建立了一套「天人感應」的唯心主義思想體系。他表達了獨尊儒術的主張，他說：

《春秋》大一統者，天地之常經，古今之通宜也。今師異道，人異論，百家殊方，指意不同。是以上無以持一統，治制數變，下不知所守。臣愚以為不在六藝之科，孔子之術

者，皆絕其道，勿使並進。邪辟之說滅息，然後統紀可一，而法度可明，民知所從矣。

這段話，學界多年以來一直以「罷黜百家，獨尊儒術」八個字加以概括。

董仲舒所總結的「罷黜百家，獨尊儒術」的觀點，得到了漢武帝的認同。漢武帝採納了董仲舒提出的文化教育政策建議，並加以實施。

西元前一三六年，漢武帝下令置儒家五經博士，罷免其他諸子、傳記博士，定儒術為一尊。西元前一二四年，又為五經博士置弟子員。此為古代太學之始。

自漢武帝始崇尚儒經，經學的昌盛，推動了學校教育的發展。至東漢時期，班固在《東都賦》中以「學校如林，庠序盈門」贊其盛況。

兩漢時期絕大多數皇帝，或在太子階段，或在幼年即位之後，都有接受教育的經歷。按儒家古制，太師、太傅、太保均為國君之師，合稱「三公」。漢代君權大為強化，「三公」之職遂演化成最高的榮譽虛銜，而且不輕易授人，經常空缺。

皇帝經常聘請某些學者名流入宮給他講授儒經，如桓榮、桓郁、桓焉祖孫三代，先後分別為東漢前期六個皇帝講授《尚書》。

漢代的太子太傅及其副職太子少傅，仍保持著作為太子教師的身分和職責。太子太傅、少傅均由當世名儒或通才擔任，例如叔孫通、張良、周勃、匡衡、師丹、桓榮等。這些人因當過太子的老師，極受尊崇，後來多有升至相位者。

承前啟後教化之風

　　除太子太傅和少傅外，其他學有專長者也可被皇帝派遣教授太子。如漢元帝時博士鄭寬中以《尚書》授太子，博士張禹以《論語》授太子。

　　在自幼接受良好教育的基礎上，漢代皇帝中好經學、能講論者不乏其人。如漢明帝通《尚書》、《春秋》；自撰《洪範五行章句》進行講授。經學已成為最高治國者所必須具備的基本素養，在太后代替年幼的皇帝督理朝政時，也要補習經學。

　　縱觀兩漢，學校制度分官學和私學兩類：官學有朝廷官學和地方官學之分；私學又分經師講學和書館。

　　朝廷官學即太學。漢武帝時置博士弟子五十人。博士弟子入學資格，一由太常選拔「年十八以上，儀狀端正」者；二由郡國選送優秀者。漢平帝時，規定元士的子弟也可入學。東漢質帝時，又規定自大將軍至六百石官吏都可送子弟入學。太學學生名額代有增益。西漢成帝時增至三千人，東漢順帝時增至三萬餘人。

　　東漢時出現了專門為貴族子弟設立的學校。西元六十六年，漢明帝為外戚樊氏、郭氏、陰氏、馬氏的子弟開設學校，又稱「四姓小侯學」，設五經師教授，均是選擇「高能之士」充任。後來招生範圍擴大到功臣子孫，連匈奴貴族也派遣子弟前來留學。

　　太學教師皆由博士充任。西漢時期以名流升任，東漢選博士要經過考試。太學以儒家「五經」為教學內容。

西漢末年，出現古文經與今文經之爭。今文經以當時通行的隸書書寫，古文經晚出，以戰國時期古文字書寫。同時，經文的字句、篇章及解說也有差異。今文經得到朝廷的支持，太學所準立的皆今文經博士。古文經只在民間私學中傳授。

兩漢時期，書籍甚少，學者難得，訓詁句讀皆賴口授，故博士講經重視傳授關係，形成師法和家法。比如某一經的大師，如得到朝廷尊信被立為博士，這個經師的經說便成為師法。弟子相傳，又別為章句，便成家法，故一經有數家。兩漢時期朝廷規定太學博士只能依師法家法傳授，違背師法家法者則罷用。

太學博士的教學方式，除個別傳授外，還由高足弟子轉相傳授和集合弟子「大講授」等方式。

太學注重考試，西漢時期每年考試一次，其方式是「設科射策」，類似今日的抽籤答問考試，分甲乙兩科，以區別程度的高低。經過考試，一發現有下材或不能通一經者，即令退學。

東漢桓帝時，改為每兩年考試一次，透過者授予官職，不能透過者允許繼續學習。因考試甚嚴，又無學習年限的規定，故有太學生童年入學而白首空歸者。

地方官學即郡國學，首創者為西漢景帝時蜀郡太守文翁。當時的蜀地文化落後，文翁為淳化民風，選派郡縣小吏至京師受業於博士，研習儒經，學成歸蜀，委以官職。文翁又在成都市中，修築學舍，招收下縣子弟入學。數年後，蜀郡為之一變，可與文化較發達的齊魯之地媲美。

教育之本：歷代官學與民風教化
承前啟後教化之風

漢武帝時，令「天下郡國皆立學校官」，郡國學日見推廣。郡國學設郡國文學官充任教師，其別名有文學祭酒、文學師、文學掾、文學主事掾，郡國學學生則稱文學弟子。

東漢時期郡國學更盛，不少郡守皆熱心於創辦學校。尤引人注目的是，除中原地區外，當時的邊陲之地也辦了學校。創辦地方學校的目的，在於透過儒家經學來宣傳孝悌仁義等封建道德，以改造民間風俗。

兩漢時期地方學校，對地方教育程度的提高和中華民族共同心理的形成，起了積極的作用。經師講學是漢代教育的另一種重要形式。經師講學，其中有居官教授，而大多數為一代名儒自立「精舍」，隱居教授。《漢書》、《後漢書》的《儒林傳》以及其他列傳中，記載甚多。

東漢時期經師講學之風更是盛況空前。一些經師鴻儒，及門弟子和歷年著錄的門生，常有數百、數千之眾，乃至萬人以上。求學者也不顧背井離鄉，遠行千里，負笈尋師。在私人精舍中，師生關係尤為親密，學生對師長恭敬禮讓。

兩漢經師講學之所以興盛，一方面是受國家「以經術取士」的影響；另一方面私人講學思想束縛較少。太學博士多專一經，墨守章句，少有撰述，而私人講學常兼授數經。

東漢時期經師，有的不僅精通儒經，還兼及天文、曆法、算學、律學等知識的傳授。比如：何休「善曆算」，鄭玄通「京氏易、公羊春秋、三統曆、九章算術」，郭躬通「小杜律」，鍾皓「以詩、律教授門徒」。

東漢時期，除經師私人講學外，民間還有傳授科學和技術的教育如名醫華佗以「刳破」即外科手術和針灸傳授弟子。涪翁著《針經脈診法》傳於弟子。樊英、段翳、廖扶等精通星占、天文，皆傳弟子。

兩漢時期兒童識字習字的場所叫做書館，也稱「書舍」。書館教師稱為「書師」。當時練習的字書最早起於西周時期《史籀篇》，秦始皇時期，李斯、趙高、胡母敬分別編寫《倉頡篇》、《爰歷篇》和《博學篇》，漢代初期民間書師將此三篇合一，統稱《倉頡篇》。經西漢時期學者揚雄、東漢文學家班固等人的增刪，至東漢時期編成《急就篇》，內容涉及農藝、飲食、器用、音樂、生理、兵器、飛禽、走獸、醫藥、人事等方面的應用字。

漢代兒童，約八九歲入書館學習，年限不定。習完字書後，即學習《孝經》、《論語》，以做學經前的準備。入書館學習需交納很多學費，並非貧家兒童皆可入學。

漢代地方教化活動進一步制度化，地方官學的興辦，就是為了樹立行為準則和典範，引導民眾崇德、循禮、進學。漢代在邊遠落後地區興辦學校，造成了移風易俗的作用。

漢代選拔和鼓勵賢才也是推進教化的重要措施。尚賢使能的作用並非只是為了朝廷有得力的人才可用，更深遠的影響表現在它可以鼓勵天下之人都來傚法賢才，力求上進，從而改善社會風尚。

漢代透過「鄉舉里選」的途徑來發現和薦舉賢才已形成制度。選士的各個科目，既有一般品的要求，又有各自特定

的學識和行為標準，對誘導人們修德、成才具有十分重大的作用。

但選士畢竟名額有限，非多數人所能及。漢代又設立了「孝」、「悌」、「力田」等榮譽稱號。「孝」指孝順父親，「悌」指尊敬兄長，「力田」指努力耕作，這些都是以家庭為單位的小農經濟社會條件下最基本的道德行為準則。而獲此類稱號者，享有免除徭役的待遇，還能獲得朝廷賞賜。這些人一般仍在當地生活和勞動，因而對周圍人的影響更大。

漢代從鄉、縣到郡國的行政機構中，都有專門負責教化的官吏，這就是「三老」。三老由當地「有修行，能率眾為善」的德高望重者擔任。

西元前二零五年，漢高祖劉邦下詔說道：

舉年五十以上，有修行，能率眾為善，以為三老，鄉一人。擇鄉三老一人為三老，與縣令、丞、尉以事相教，復徭戍。

就此將三老這一職掌提高到縣一級層次上。至東漢時期又有郡三老和諸侯王國三老的位置。

三老的具體工作，除隨時對民眾行思想道德教育外，「凡有孝子順手貞女義婦，讓財救患，及學士為民法者，皆扁表其門，以興善行」。三老盡到教育民眾循禮德、改善風化的責任，國家有表彰。

和孝悌力田一樣，三老也是一種享受優待的榮譽稱號，同時又負有教化鄉民的職責。如果民風不正，則三老有失職之咎。自漢代始，教化之務已初步形成制度。

漢代在文化教育政策上，從漢代初期的推重「黃老之學」，過渡到漢武帝時期「罷黜百家，獨尊儒術」宏觀政策的正式確立，完成了一個歷史性的大轉變。從此以後，「獨尊儒術」政策成為後世歷代君主所奉行的文教總方針，對後世封建文化教育的發展產生了深遠的影響。

閱讀連結

漢代太學的教師均稱為「博士」，即「五經博士」。始設於建元五年，也就是西元前一三六年。在此之前，博士原為通古今、備諮詢的顧問官員。自太學設立後，開始成為專職學官，掌經學傳授，同時亦參與政事議論或奉使以及巡視地方政教之類。

為了協調教學和管理，在五經博士中還設有一位「首席」博士，西漢時名曰博士僕射，東漢時改名為博士祭酒。而各門專經博士的人數與設置，則屢有變更和增加。漢武帝時設有七人，宣帝時增為十二人，元帝時增為十五人，平帝時又增為三十人，至東漢初年，光武帝乃定為十四人。

▌魏晉南北朝的官學

東漢末年，時局動盪，變化多端，官學的學制設置發生了越來越大的變化。尤其是到了魏晉南北朝時期，官學紛呈百態，難以劃一；五胡諸國，南北六朝，自行其是，因勢造置，學制方面也無一定成規。

魏晉南北朝時期形成的官學雙軌體制，是由於門閥政治制度的進一步強化。當時的門閥士族在政治、經濟、文化

諸方面均佔有獨特的地位，他們要求在現行的官學體制中擴大其文化優勢，而現存的太學不能滿足這種需求，於是，二七八年在太學之外另設國子學，從此太學與國子學涇渭兩存。

國子學為貴冑學校，太學則專收六品以下庶族地主官僚及平民子弟。這種區分士庶貴賤等級的學校制度從此在形式上正式確立，並一直延續了一千多年之久，成為古代封建社會的基本教育形態之一。

魏晉南北朝時期士庶雙軌的學校體制建立之後，其發展並不穩定。這一點，與門閥勢力的消長有直接的關係。

東晉時期，經過多年的戰亂，門閥士族勢力遭到很大削弱，江左苟安之時，也未完全恢復，竟不能有效地控制國子學這樣一小塊專有的領地，以致庶族布衣竟不顧禁例，爭躋於其間，高門大族雖譏諷國學生員混雜，並自恃清高，卻又無能改變這種士庶爭奪官學位置的現狀。

晉宋時期，隨著庶族地主勢力的增強，其在教育領域，也多染指國子學。宋齊之間，國子學也興廢無常，勸課不廣，其教學成果遠在一般學校之下。梁武帝曾經開置五館，已是不分士庶，廣招生徒，而國子學雖然並存於世，其規模及影響竟遠在五館之下。

北朝時期官學最初未分雙軌，北魏時期道武帝建都平城，先立太學而無國子學，後來增設國子太學，其時生員貴庶混一，而且學制未分。

明元帝在位時，將國子學改稱「中書學」，另立教授博士，但學校設置仍未分立。至太武帝時方在平城以東別置太學，並征辟範陽盧玄、渤海高允等名士，拜為中書博士，兼掌太學、中書學之教。

但此時北魏時期貴族大體是指鮮卑拓跋舊部及北邊部落氏族貴族而言，尚未歸化於魏晉以來傳統的門閥政治範疇之內，至太和改制時期，鮮卑貴族才逐步門閥化，並確定了族姓等級制度。與此相適應，北魏時期官學適應門閥制度的需求，正式確立了士庶雙軌的體制。

後來北魏時期邊鎮將領擁兵起事，從此，門閥大族多於戰亂之中顛簸離散。因此，從北魏孝明帝後期開始，士庶雙軌的官學體制已名存實亡，終至隋代也未曾改觀。

魏晉南北朝時期，州郡學校制度的建立和完備，主要是在十六國時期的後趙和北朝元魏政權中完成的。南朝的宋、齊、梁、陳雖有地方官學與中央官學並行於世，但沒有形成常規。

北魏時期基本統一了北方後，加快了鮮卑族漢化的進程，並重視恢復和發展朝廷及地方學校教育，以此作為漢化政策實施的重要組成部分。

西元四六六年，北魏獻文帝拓跋弘制訂出古代第一個郡國學制模式，其內容包括：

學校的規模與設置，按諸郡的大小分級排列；教師的錄用標準；學生的錄取標準與次序。

教育之本：歷代官學與民風教化
承前啟後教化之風

　　北魏時期天安學制的公佈與實施，代表著古代郡國學校教育制度的建立，從此，地方教育改變了先秦時期相對獨立於官方之外的狀態，開始在行政、設置及教學內容等方面逐步地增加了官方統一控制的比例，這也是封建專制文化建設日趨發展的必然後果。

　　北魏時期，歷朝地方官學體制的設置，雖在形式、內容等方面略有損益，但基本制式和性質大體不變。因此，北魏時期天安學制模式是古代封建社會地方官學的基本模式。

　　值得一提的是，天安學制強調儒家經典和恢復名教的地位，也反映了北方地區經歷了十六國戰亂之後，重建封建生活秩序、恢復儒家倫理觀念的歷史要求。這一要求，無疑也是推動社會文化建設的動力之一。

　　魏晉南北朝時期官學的學校種類有所擴大，學科內容也更加豐富。這一點，與魏晉南北朝時期豐富活躍的社會文化現狀有直接的關聯。就學校種類而言，由於突破了秦漢時期以來單一的太學模式，魏晉南北諸朝時期官學類型不斷分化擴大。其數量也因勢消長，絕非兩漢之常規所能囿限。

　　這一情況同當時學術文化的活躍狀態、不同社會階層對文化教育的多方面需求，有直接的關係；同時，胡漢文化的融合、帝王的雅好、國家政策的調整及和平環境的產生，均成為推動官學改進的力量。

　　五胡十六國時期，後趙於太學之下，又設宣文、宣教、崇儒、崇訓等小學十九所，後秦除太學、國子學之外，又設逍遙院，專門從事佛經的研究與教學；同時，還在長安創建

律學，召郡縣散吏，教授有關刑獄方面的專門知識，這是古代最早的刑律學校。

宋文帝元嘉年間，設置玄學、史學、文學、儒學四館；宋明帝時期又設總明觀以統儒、道、文、史、陰陽五部學。當時儒、道、文、史、陰陽諸單科學校，屬於綜合性的研究學院，從而開創了古代綜合大學與研究院合為一體的先例。

南朝齊國時間最短，但也廣開武校，並置學士館，其辦學形式，也有獨到之處。梁武帝在位期間，除置五館教授五經之外，又置集雅館，以招遠學；又建士林館，廣納學人。

北朝時期官學，多承漢魏遺風，兼采江左風情，而又自成一體。北魏官學除太學、國子學之外，又開皇宗學和四門小學。

皇宗學的建立，把皇室子弟的教育正式納入到官學教育體系之中，是對先秦時期朝廷保傅教育的重大改革。這一改革的成果，也說明對於皇室子弟進行漢文化教育，是太和改制期間的一項重要的政策措施。

四門小學的設置，雖然沒有詳細的史料說明其內容，但確實開創了古代四門學的先例，當是一種庶人教育的初級學校。同時，北魏時期伴隨佛、道勢力的消長，一度設置崇玄署，這雖然不屬學校類型，但也內設仙人博士，專掌道教禮典與研究。

此外，北魏時期還設有太史博士、律博士、禮官博士、太醫博士、太卜博士、方驛博士，這些博士雖不盡以教學為專職，但多於常職之外，兼負傳授專業知識，培養專業人才

的職責。這種現象是古代職業技術教育的主要官方形式，被隋唐時期以來歷代承襲。

北周時期官學的設置，帶有明顯的復古傾向，並對魏晉時期的傳統，給予大膽的否定。以皇室子弟學校為例，即完全仿照《禮記·內則》建制：虎門學為天子路寢之門學，也即內學；路門學則為燕朝之外的路門之學，相當於西周的門塾之學，也即《內則》所謂的「外傅」之學。這種完全模仿西周舊典的學校建置，也是北周時期管理者標榜自我承運西周正朔、服色，強化正統地位的政策內容之一。

魏晉南北朝時期官學種類的分化與學科內容的擴大，具有混合一體的關係，即學校的設置與學科的設置，尚未分解成兩個獨立的，或相互包孕的概念；在這種意義上，一個新學科的建立，就意味著同一專科學校的出現。

學校類型和學科門類的擴大，反映了魏晉南北朝時期學術文化事業多方面發展的成就，也體現了當時文化學術的多元性特色，促進了社會文化事業的進一步發展。

同時，也為完備的唐代官學體制和學科文化建設，奠定了歷史基礎。從這種意義看，魏晉南北朝時期實為古代官學的飛躍發展時期。

魏晉南北朝時期，官學的經營和辦學手段，具有多樣性的特點，為後世官學教育提供了各種有益的先例。官學經營頗具特色的主要有：後趙、宋、齊、梁和北魏的官學。

後趙石勒有功於教育者，一是擴大了小學的名目，反映其辦學形式的多樣化；二是頒定了郡國立學的詔令；三是採用了分科教學的形式。

南朝時期宋文帝崇尚文治，元嘉興學，設置四學，既不拘常規，因人而立。這種辦學形式，可謂對教師遷就備至，既有禮賢下士的因素，但也反映了當時辦學觀念的靈活多樣。

南朝梁武帝辦學也頗具有特色。梁武帝所設五經博士，本為漢魏傳經，但不同的是，梁武帝將五經分設五館，這是古代官學史上最早的經學專科學校，在辦學形式上也大大突破了漢魏舊學模式。

齊武帝於西元四八五年興學，因世家大族出身的國子祭酒、臨沂王儉精通禮學，諳究朝儀，遂省總明觀，將學士館開辦於王儉家宅。這種門閥家學與官學合流的形式，在古代官學史上，也是獨一無二的。這種現象，在一定程度上反映了南齊官學的衰敗和門閥家學對官學的兼併。

北魏時期辦學是其漢化政策的重要組成部分，與此相應，北魏時期官學也以此政策為辦學宗旨。比如為學生授官品之待遇，就反映了北魏時期辦學並不完全拘於漢學的傳統，因勢而設，注重實際的特徵。

魏晉南北朝政權，雖然多是在戰亂中建成的，但仍然將視學、養老、釋奠作為官學的古老傳統，其宗旨在於昌明政教法令，顯示帝王養賢尊德、重視文教的意願，對全國教育的發展具有法定的指導和示範作用。

教育之本：歷代官學與民風教化
承前啟後教化之風

　　晉代諸帝多躬講《詩》、《書》、《孝經》、《論語》，親臨太學釋奠祀孔。南朝宋文帝也重視釋奠、視學禮儀，並因襲晉制，由太子釋奠國子學，講授《孝經》。

　　其後，齊、梁、陳諸朝朝廷，也多有視學釋奠活動。北魏朝廷十分重視養老、釋奠禮儀以此標榜名教，倡勵儒學。

　　這一時期視學、釋奠、養老活動的頻繁舉行，既反映了當時政局變化多端的一個側面，也正反映了管理者力圖撥亂反正，重建儒家倫理秩序的努力。從中也能看到：魏晉南北朝時期在一定程度上保留並恢復了漢代「以孝為本」的倫理教育傳統。

　　總之，魏晉南北朝時期的官學，逐步形成並確立了中央官學的雙軌體制，郡國學校制度逐趨完備，學校種類和學科門類擴大，辦學形式靈活多樣、不拘常格，重視國學的視學、養老及釋奠禮儀。這些發展變化，上承秦漢，下啟隋唐，在古代官學史上具有一定的意義。

閱讀連結

　　北魏孝文帝拓跋宏，是北魏王朝的第六位皇帝，是一位傑出的政治家、改革家。他親政後推行漢化改革，史稱「孝文帝改革」。他的改革中有涉及習俗方面的內容：一是建行大典的明堂，開辦太學，徵求典籍，並定禮樂；二是在洛陽建立國子太學，四門小學，大興儒術，重用儒生，以爵賞獎勵學士。

孝文帝的漢化改革，使胡漢兩族的血統、宗教、言語、風俗，和習慣等，從此徹底溶入於漢族的集團中，對各族人民的融合和發展發揮了積極作用。

▋南北朝時期的家學

門閥家學大體為門閥政治的產物，而家學本身又有其獨特的歷史淵源；兩者的合流，起始於漢代末期，成形於魏晉時期，至南北朝時期則趨於鼎盛，並漸次衰落。

魏晉之初的世家大族，大多為漢代末期的儒學高門。故其家學世業，也與此有血脈承傳的聯繫。

如西晉潁川荀氏，其家學世傳，上承漢末大儒荀爽，子孫世傳學業，為西晉儒學高門。再如漢末大儒范陽盧植，其後代以儒學標榜門戶，其孫盧欽為西晉名儒，直至北魏，範陽盧氏仍為當世儒學大族。

此外，如東海王氏、河東衛氏、清河崔氏、博陵崔氏，均為漢代末期以來以儒業顯貴的門閥大族。其中，東海王氏家學流布最為深遠，直至南朝梁世，仍為最顯貴的門閥大族。除此之外，起家於東漢末年的泰山羊氏；起家於魏晉時期的陽夏謝氏，河東裴氏，均以儒學高門傳世，前後達數百年之久。

門閥家學的存在，旨在維繫家族的世代特權和優越的文化地位。其對學術文化的世襲壟斷，不利於學術的發展和更新，不過，借助血緣的關係來延續學術文化的生存，並利用

家族血緣的網絡來構築某種封閉性的文化堡壘，正與封建的家族政治相適應。

與此同時，因其是在動亂之中，利用家族的權力及穩定性，保護和延續學術文化的有效手段。而一旦經歷了動亂之後，門閥家族的特權削弱、家族的觀念淡薄，出現了有利於學術文化自由發展和生存的社會環境，在亂世之中一度仰賴門閥家學保存的學術文化，就會成為全社會範圍內學術文化全面昇華、融合的重要源泉

魏晉南北朝時期門閥家學的發展，正是經歷了上述的過程。在歷經治亂更替的幾百年中，舊的世族集團在亂世之中衰落，一旦政局初見平寧，又在舊的廢墟中滋生出新的世族集團，而舊世族或在動亂中絕戶，或者重振門戶。門閥家學也相應地發生著類似的變化，一些舊的門閥家學衰落了甚至絕傳了，而新的門閥家學又滋生出來。

在這種新舊興廢更替的過程中，門閥家學經受了社會風雨的洗禮，社會化的因素，不斷擴大，並最終演化成為社會大文化的有機成分之一，而將家族文化與社會文化分離開來的那種血緣性隔膜，也日漸融化。

魏晉南北朝時期門閥家學的內容頗為廣泛，其形式和特色各異，但總括而論，有以下幾方面的內容或特色：

第一，門閥家族大多重視肅整家風，倡導忠孝為本的倫理觀。比如，臨沂王曇首為漢魏時期世代顯赫的名門大族。仕宋官至太子詹事、侍中，其門戶之內，雍雍如也，手不執金玉，婦女不得為飾玩；兄弟分財，唯取圖書而已。再如，

北魏時期博陵崔挺為魏晉時期的門閥大族，世尊儒家「重義輕利」價值觀。據說他的家族「三世同居，門有禮讓」。後因頻遇饑年，兄弟分家，彼此推讓田宅舊資，爭守墓田而已。

第二，儒學高門多以專經世傳。諸如：西晉時期河東大族王接，世修儒史之學，尤精於禮傳；會稽人賀場，為晉司空賀循的玄孫，其祖賀道力，精通《三禮》，其後子孫傳習《禮》學，並視之為家業。

第三，多有專守一技之長，而為世業。諸如：南朝時期宋琅琊大族王淮之，自高祖以來世任朝職，曾祖王彪之任職尚書令，練悉朝儀，從此家世相傳；南齊時期傅琰有治縣譜，子孫相傳，不以示人。類似的事例，不勝枚舉。大體家學所傳，有家世史官者，有祖傳醫藥者，有世習天文數術者，有父子並有琴書、丹青之藝者，也有書法、篆刻世家者。

第四，由於佛教、玄學的影響，南方門閥家族，也多成為文學玄談之淵藪。如江南望族出身的張鏡，其祖輩多以才學擅名，張氏兄弟五人，時稱「張氏五龍」。張鏡仕宋官至新安太守，名儒顏延之聽其言談清玄，深為心服。其侄張緒，被名儒袁粲贊有正始遺風。其家族中人張邵，張敷父子，好玄言，常常與名士宗少文談論。自晉代末期，吳國張氏，累世顯貴，並以玄談擅名，奉佛著稱。

至於文學世家，則有梁時彭城劉孝綽，其辭藻文章，多為後進所宗，兄弟、諸子七十餘人，並能屬文。還有琅琊臨沂大族王筠，為漢魏時期名儒王朗、王肅的後代，累世以文才辭賦擅名。

　　值得注意的是：門閥家學在南北朝時期，出現了兩個明顯的趨勢：

　　其一是在傳習家學世業的同時，廣泛地吸收、博采眾學之長，而不囿於祖業之舊學。比如，南朝時期宋大臣、著名天文學家、無神論思想家、名儒何承天，因其母為東莞大儒徐廣之姊，幼承母訓，得傳徐廣家學，同時廣求名師，儒史百家，莫不盡覽，並至廬山拜於慧遠禪師門下。

　　又如，北魏趙郡李孝伯，其家族世傳《鄭氏禮》、《左氏春秋》，李孝伯在少時傳父業的同時，又博綜群言。這種博學眾長的風氣是門閥家學得以更新的重要動因。

　　其二是門閥家族素有廣集圖書的傳統，這使得門閥家學得以廣泛地吸收古今社會文化的學術精華，並進一步社會化，開放化，同時也有利於保存學術文化遺產。比如，梁時王僧儒，出自名門大族，為漢魏名儒王肅的八世孫，嗜好墳典，聚書至萬餘卷，篤志精力，於書無所不覽。

　　在門閥中人，類似王僧儒的藏書大家，為數甚多，不勝枚舉。這種豐富的藏書，為士族子弟提供了優越的讀書條件，這也是門閥家學得以興盛，並世傳不絕的重要原因。

　　門閥家學至南北朝後期漸趨衰落，但其根底雖敗，學業猶存，並逐步與官學及社會範圍內的私學合流，成為集大成之學的隋唐時期文化教育的重要源泉之一。

閱讀連結

北魏時期官員崔挺尊奉儒家重義輕利的價值觀。他在地方任職時，掖縣有個人，年過九十歲，腳踏板輿來到州治。自稱少時曾經充任林邑吏卒，得到一塊美玉，四吋見方，很有光彩，自己把它藏在海島，至今已有將近六十年了。今天欣逢清明之治，自己願意把它奉獻官府。

崔挺派船隨他去取，這塊寶石果然光彩照人。但崔挺說：「我雖然德不比古人，還是不能以此玉為寶。」最後不肯接受，上表把玉送到了京城，被時人讚為兩袖清風的楷模。

▌隋唐時期的儒學教化

隋唐時期儒學教化的發展主要表現在教化制度的創立方面，其足以影響後世教育的發展。

隋文帝楊堅非常重視振興學校。為了管理各級各類學校，他曾特設國子監，作為教育的行政領導機構。國子監初名「國子寺」，西元五九三年改為「國子學」，六零七年又改為「國子監」，從此一直為後世所沿用。

在當時，國子監設祭酒一人總管國家教育事業，在行政上不隸屬太常寺，是獨立的最高教育機構。通常，在祭酒之下設主簿、錄事等專職人員，負責統領各級各類官學。可以說，這是古代歷史上首次設立的專門教育行政部門，也是專門設置教育負責官員之始，在古代教育的歷史發展中，這是個了不起的進步。

教育之本：歷代官學與民風教化
承前啟後教化之風

　　在國子監控制下，首先發展健全的是以國子學為首的中央官學系統。除有傳統的國子學、太學、四門學外，隋代首創了書學、算學和律學等專科類的中央官學，形成了所謂的「六學」系統。

　　開皇初，隋文帝頗為倡導文教，設國子寺，使強學待問之士畢集，京城聚集的人來自四面八方，負笈追師，不遠千里，其中以齊魯趙魏學者尤多，其講誦之聲，道路不絕。

　　隋文帝晚年，轉而喜好刑名說，同時又發現國學雖然學生頗多，但徒有名錄，空度歲時，在西元六零一年廢天下學校，只存國子學一所，有學生七十二人。

　　隋煬帝楊廣即位後，復開庠序，使國子學和郡縣學之盛超過了開皇初年，形成了隋代第二個興學高潮。在當時，遠近儒生紛紛前來，並被組織起來互相辯論學術問題。一名高級官員給他們排列名次，上報隋煬帝。因此許多寒士得以重振門庭；典籍研究盛極一時，南北的傳統兼容並包。古代的典籍都被註疏。

　　隋煬帝時的藏書量是古代歷代最多的，大興城和洛陽建有大藏書殿，而最終的成果則是規模宏大的祕書省，在洛陽藏有珍本，藏書總數達三十七萬餘卷。

　　隨著士族門閥的衰落和庶族地主的興起，魏晉時期選官注重門第的九品中正制已無法繼續下去。隋文帝即位以後，廢除九品中正制，開始採用分科考試的方式選拔官員。隋煬帝時，正式設立進士科，典定科舉制度，古代科舉制度正式誕生。這是古代歷史上極其重大影響極其深遠的大事。

當時的進士科以考政論文章為主，選擇「文才秀美」的人才。《通典》一書中說隋煬帝優先考慮的是個人的品質而不是文才。他注重個人品質的選拔人才的政策，為唐代初期培養了大批的強毅正直的人才。

唐代初期，便大力發展文教事業。唐高祖李淵即位時即下令國子置生七十二員，取三品以上子孫；太學置生一百四十員，取五品以上子孫；四門學置生一百三十員，取七品以上子孫。在地方官學中，將郡縣之學分為三等，上郡學生六十員，中下郡則各五十員；上縣學生四十員；中縣三十員，下縣二十員。至於對皇族子孫及功臣子弟，還在祕書外省別立小學以教育之。

唐代教育制度的完備是在唐太宗李世民執政階段。唐太宗開展了全面的建設事業，在許多方面為後世樹立了風範，開闢了領域，被後世奉為治世明君。

在這一時期，唐太宗曾於西元六二七年在門下省置弘文館，聚《經》、《史》、《子》、《集》四部書共二十餘萬卷，精選天下著名儒者虞世南、褚遂良、姚思廉等人以本官兼學士，以褚遂良為館主。館中不僅講論文義，商議政事，還傳授書法，教授經業。

西元六三九年，唐太宗在東宮設立了崇賢館，也就是後來改名的崇文館。自此，在十三年左右的時間裡，在唐太宗等人的倡導和支持下，基本上形成了唐代以「六學二館」為代表的官學體系。

教育之本：歷代官學與民風教化
承前啟後教化之風

　　起初，唐代廷盡召天下經師老德者以為學官，廣建學舍一千兩百區，大量增加學生員額。後又在屯營、飛騎等軍事建置中設學舍，並由博士教授。高昌、吐蕃以及高麗、百濟、新羅、日本等也都積極派遣子弟前來求學，學生總額達到八千餘人。

　　唐玄宗李隆基時是唐代學校興盛的又一個高潮時期。西元七一九年，唐玄宗敕令州縣學生選送「聰悟有文辭史學者」入四門學為俊士，那些貢舉落選而願入學者也可入四門學學習，這是後世貢舉入監之制的濫觴。

　　在這一時期，唐王朝還規定了學生補闕的制度。比如國子監所管的學生由尚書省補，州縣學的學生由州縣長官補。

　　尤其值得稱道的是，朝廷此時明確規定百姓可以任意設立私學，有願在州縣學寄讀受業者即非正式的寄讀生也可應允。在政策上為民間學術和教育的發展提供了有利條件，使不少學者從家學和拜師求教的私學中獲取了許多可貴難得的學識。

　　西元七一八年，置麗正書院，置文學名士徐堅、賀知章、張說等人為學士，在修書之餘亦行講讀之事，為後世書院教學提供了有益的經驗。七二五年，麗正書院改為「集賢書院」，五品以上為學士，六品以下為直學士，待遇頗為優厚。

　　至西元七三九年，朝廷敕今天下州縣於各鄉里設立學校，擇師而教授，使當時的學校由州縣又進一步擴展到鄉里，拓寬了教育的普及面。

唐玄宗為了支持學校教育的發展，曾在七三五年敕令天下罷鄉貢之舉，規定不經由國子各學及郡縣學學習的學生不許參加選舉。儘管這一規定在兩年後取消，恢復了鄉貢之制，但其影響是積極的，對學校教育的發展有促進作用。

隋唐時期主要實行崇儒興學的文化教育政策，促進學校教育的發展。尤其是科舉制的創立，是封建選官制度的一大進步。衝破世家大族壟斷仕途的局面，擴大了官吏的來源，提高了官員的文化素質，大大加強了中央集權。因此，這一制度為歷朝沿用，影響深遠。

閱讀連結

隋煬帝時，曾詔命天下諸郡繪製各地風俗物產地圖，編撰《諸郡物產土俗記》一三一卷、《區宇圖志》一二九卷、《諸州圖經集》一百卷。隋煬帝下令編撰的上述地方志書，規模宏大，既是承前啟後的總結性著作，也是編撰全國性方志圖經的開端，影響深遠。

當時著名的地理學家裴世矩，在奉敕去張掖，管理西域商人交市時，收集了有關西域的山川、風俗等資料，撰成《西域圖記》，書中有地圖，有記述，還有穿著民族服裝的各族人的彩繪圖，是地理學名著。

▌隋唐時期的經學成就

在隋唐時期教育之中，經學是權威學科，其內容主要是儒家思想。所制教材與史學、文學、語言文字、考據、訓詁、倫理、教育等，均有極為密切的聯繫。

隋唐時期學者明克讓著《孝經疏》一部，辛德源撰《集注春秋三傳》、《楊子法言法》，蕭威著《孝經》、《周易義記》及《大小乘幽微》四十卷，張衝著有《春秋義略》、《孝經義》、《喪服義》、《論語義》等近三十卷，牛弘修撰《五禮》，勒成百卷，劉焯撰《五經述議》等，為當時的經學教育提供了極為豐富的教學參考書或輔助教材。為後世的經學研究和經學教育拓寬了發展之路。

在隋唐時期經學教育和研究中，湧現出了如馬光那樣的「三禮」權威和房暉遠那樣的「五經」名家，經學教育已具備相當的規模和水平。

隋唐時期，著名學者王通在私人教學中對經學有較大的發展。他曾仿照孔子的做法開展私人教學，著《續詩》三十六篇、《元經》三十一篇、《易贊》七十篇，其弟子記其演說匯成《文中子》一書。

和以往的經學教育不同，王通的教學推重《易經》。他教育學生注意鑽研和探討天、地、人的本質和相互間的聯繫。其思想不僅在當時，而且對唐代末期、五代時期乃至宋元時期之學均有深遠影響。

唐代以後，社會政治、經濟、文化和科學等方面的振興和繁榮都需要經學者進一步的發展。唐高祖時，詔置州、縣、鄉學，在國學立周公、孔子之廟，高祖親事釋奠之禮。

唐太宗為秦王時，便在秦王府設文學館，招名儒房玄齡、杜如晦等十八人為學士，共議天下大事。及即位，尊經學、興教化，在弘文殿集四部書二十餘萬卷，並在殿側開弘文館，

以杜如晦、房玄齡、虞世南、褚亮、姚思廉、李玄道、蔡允恭、薛元敬、顏相時、蘇敬、於志寧、蘇世長、薛牧、李守素、陸德明、孔穎達、蓋文達，許敬宗十八人為學士，分班講論經義及文史，評論朝政，每至夜分乃罷。

西元六二八年，唐太宗下詔罷周公祠，以孔子為先聖，顏回為先師，大征天下儒士為學官，規定學生凡通一經以上者，即任用為官吏，以顯示其尊崇儒經、大興文教的政策。

西元六四七年，又詔以歷代經學家左丘明、卜子夏、公羊高、穀梁赤、伏勝、高堂生、戴聖、毛萇、孔安國、劉向、鄭眾、杜子春、馬融、盧植、鄭玄、服虔、何休、王肅、王弼、杜預、範寧、賈達二十二人配享孔子廟庭。

這些舉措，表示對歷朝各派經學的普遍關注和兼容，為唐代經學的發展創造了一個較寬鬆的環境，在政策上避免了經學內部的分裂與爭鬥。

在傾聽各家名儒的講論之後，唐太宗為了將異說紛紜的經學統一起來，詔令國子祭酒孔穎達率諸儒撰定《五經正義》共一百八十卷，後於西元六五三年頒行全國。其間，曾有國子博士馬嘉運等對《五經正義》提出修改意見，使其書更加完善。自《五經正義》頒行之後，各級學校均以此為教材，每年科舉考試也以此為標準答案。

作為教材，《五經正義》偏重訓詁考據而輕視思辨和發揮。雖在一定程度上給教學、記誦、考試等帶來便利，因此，在相當長的一段時間裡，《五經正義》一直受到執政者的重

視，在唐代乃至後代的經學教育和科舉考試中一直占據獨尊地位。

唐人在教材選擇中反映出一種「務實」的和鑽研的精神。如在「三禮」之中，《五經正義》首先選擇的是歷來不被重視的《禮記》。它的內容更接近日常的社會生活，包括禮節、禮義、禮制、日常生活守則、孔子及儒家言行、儒學論文、時令、史料及多方面的內容，內容廣泛、語言樸實，適應面廣。

其中的儒學精神更易為人們所接受，幫助人們具體細緻地獲取多方面的知識，瞭解儒家對人生、理想、教育、生活細節等的思考。

唐代將《論語》、《孝經》、《爾雅》等儒學教材也抬到了「經」的高度。唐玄宗時已在「御撰」的《大唐六典》中規定，在教學過程中和科舉考試時，均要重點考「五經」，並要求兼習《論語》和《孝經》。

至唐文宗時，朝廷任長於經術的鄭覃為宰相，並奏議，刻「九經」文字於石，仿漢魏舊制，立石經於長安國子監，世稱「唐開成石經」。

在唐文宗時，石經內容增至十二種，除加入《論語》、《孝經》而外，還增加了《爾雅》。這三部書入「經」，對唐代的經學教育有較大的推動。

在唐代執政者看來，作為孔子言論的《論語》和作為事親忠君之本的《孝經》包括了儒學最基本的思想內容。加之

此兩書言簡意明，篇幅較短，又不像「五經」那樣難懂，粗通文字者便可習讀背誦，有利於官方思想深入人心。

閱讀連結

李世民愛尚儒教，屬意文學，在解鞍歇馬後特設文學館，招攬天下文士，為治國平天下儲備人才。他將孔穎達等十八人授為文學館學士，號稱「十八學士」。「十八學士」都是當時經學通明、文采飛揚的優秀人物，李世民給他們優以尊禮。還令大畫家閻立本為諸名士寫真，大文豪褚亮題贊，高懸於凌煙閣，藏於禁中祕府。

李世民每當軍國事罷，常引見學士，與他們討論墳籍，商略前載。儒雅之風，曠古稀有；親近之恩，百代罕及。因此時人稱之「登瀛洲」。

▌隋唐時期的科技教育

隋唐時期在經濟政治的繁榮和科學技術的發展等方面都在相當程度上借重於教育，特別在科學技術方面。中國當時在算學、農學、醫學、造紙、印刷、建築、天文曆法、機械製造以及各種工藝製作方面都居於世界前列，積累了豐富的遺產和寶貴的經驗。

隋唐時期的科技教育主要以當時的科學書籍為教材，以科學家和教育者的經驗為依據，以初步建立和逐漸完善的教育制度為基礎。從教育形式上看，有官學、私學、佛道隱士等的傳授，以及當時國際間的交流等多種形式。

教育之本：歷代官學與民風教化
承前啟後教化之風

　　隋唐時期以前，官方科技教育主要是在民間進行的，也有一些專門機構，如在醫學、天文曆法等機構內設教育部門或部門有科技教育方面的機制。至隋唐時期，科技教育已在官學中佔有一定的地位，形成獨立的系統，形成了各種制度。其中最突出、最成熟的是算學、醫學和天文曆法等。

　　算學是官學中最高等級的「唐六學」之一，在隋代時已有設置，由國子寺統轄，只因隋代短暫，因此，其真正的發展與健全是在唐初。

　　唐代算學自西元六五六年置，學生三十人。六六二年在東都洛陽再建國子監時又設算學，學員僅十人。算學生雖不多，但卻是唐代科技教育最高層次和最正規的代表。

　　和國子監其他各學一樣，算學也有著對學生學習、管理、考評，以及教材建設的一系列要求。算學生年齡限制在十四歲至十九歲之間，必須是「文武官八品以下及庶人通其學者。」入學前先要向博士獻絲帛酒肉一類的禮品作為「束脩」，即學費，入學後必須要學終其業。

　　所學算學教材，是由當時著名科學家李淳風等編注的「算學十經」。這是歷史上第一次由皇帝下令整理頒行的第一套官方數學教科書，內容包括古典數學思想和當代實用數學理論等。

　　在教學管理方面，算學受國子監統一管理，學生的成績和學籍均於國子監備案。學生每十天放假一日，假前要考試一次，由算學博士負責，不及格者要受處罰，年終要考一年

所學課程。若三次不及格或學習年滿而達不到畢業水平的學生，一律罷遣。

學成後，可以參加科舉中相應的「算學科」的考試，教材內容即標準答案。經考試確有實才者即送吏部委任職務。

醫學在中國有悠久的歷史，名醫及醫藥圖籍舉不勝舉。至唐代，在朝廷機構太醫署下設立醫藥學校。其雖不屬於官方學制系統，但朝廷規定：「考試登用，如國子之法。」

醫學教育由太醫令掌管，下有藥園師、藥園生、醫師、醫學生、針師、針學生、按摩博士、按摩生、咒禁博士、咒禁生等。

據《唐六典》規定：醫學諸生由醫博士分科而教授之，在管理上大致與國子監相同，但仍有自己的一套教科書、考試、管理以及升遷獎懲的辦法，各方面的要求是較嚴格的。

地方醫學主要包括京都醫學、都督府醫學和州醫學等，是唐代地方學校體制中唯一與儒學和玄學並列的專業類學校。地方醫學的管理和各方面的條件比中央各學差得多，但由於處在地方，所以更容易接觸實際，在官學中它是能兼得官私學各家之長的較好的教學形式。

天文曆法方面的教學主要侷限於太史局。雖然局中設曆生、天文生、漏刻生等，也有保章正、靈臺郎等教授者，但不像上述兩種學校那樣有嚴密的教學和管理制度，只是一個特殊的專業教育機構。

一般來說，局中各色學生跟博士學習古代和外來的天文曆書及數學著作，晝夜在靈臺，即朝廷最權威的天文臺「伺

候天文氣色」，佐助有關的科學研究人員進行試驗觀察、記錄天文現象、製作曆書等。其名曰官學，實際上卻更多地帶有私學的特點。

特別是這類教育的師生比例差距過大，七百多學生學習如此實踐性強的專業卻只有幾個博士指導，基本上是採取博士講大課和學生自學體驗相結合的方法。

天文曆法教育較之前兩學雖不很典型，但學生所學和朝廷所需基本對口，學生在邊干邊學中提高自己，到了一定年限即可「轉正」，成為朝廷掌管天文曆法的官員和職工。

除正規的學校外，「藝徒制」也可被看成是官方科技教育的一個較低層次的特殊部分。

唐代政治、經濟的繁榮和商業的進步，使得社會對技術工人的培養和需求日益增大。為了提高工匠的技術水平，唐代規定了技工分類學習和考核的具體標準。如鏤鈿之工要學四年，車輅樂器之工要學三年，平漫刀稍之工要學兩年，矢鏃竹漆之工需學半年，冠冕弁幘之工需學九個月，其餘雜作者則視其術難易情況學習四十天至一年半不等。

徒弟跟從師傅學其技藝，每年每季少府監和將作監之丞都要對其進行考試，年終由兩監的主管再行考試，主要根據刻有學生名姓的產品質量進行評定。

藝徒制是一種世襲以外的專業技能的傳授或是培訓。唐代用朝廷的行政命令和社會需求的力量把過去只是父子相傳的家庭世業推廣到社會上，使一些先進的技術、工藝得以流傳，從而促進了手工業技藝的發展和技術人才的培養。

隋唐朝廷執政者允許立私學，獎勵學術，比較重視各類人才的培養和選拔，大大促進了科學技術和文化教育事業的發展，私人科技方面的教育自然也是由此獲益。

隋代末期及唐代中期，官學衰敗，教育與科學研究的維持和發展基本上仰仗私學，使私人科技教育成為官方科技教育的最好補充。

事實上，隋唐時期在科學技術方面取得了輝煌的成績，如果僅靠幾種官方科技學校培養人才是很難滿足需求的。當時凡有傑出貢獻的科學家或身懷絕技的大師多得益於私學和家傳。

家傳是科技教育的古老方式，這從隋唐時期史籍中的科技教育資料裡可以看到，家傳仍是主要的形式。如隋代的庾季才、許智藏等人就是將祖傳的科技知識和技能繼承發展，在隋代科技領域中起過重要作用的典型人物。

隋唐時期透過科技教育，在天文曆法、數學、物理學和化學、農學、地理學、醫學、瓷器等方面，均取得了輝煌成就，影響深遠。

閱讀連結

李淳風家族長於天文曆算，是得益於家學的典型，在當時及後世傳為美談。

李淳風明天文、曆算、陰陽之學。曾修撰《法象志》，論前代天文儀器之得失，撰寫《晉書》及《五代史志》中的天文、律曆、五行三志，認真總結前代科學技術方面的經驗，

保留了許多珍貴的史料。唐高宗時，他又參加了「算學十經」的主要撰注工作和《麟德曆》的製作工作。在他的教育和薰陶之下，其子李諺、孫李仙宗都繼承了他的事業，均在唐代朝廷中任太史令之職。

開科舉士師古興學

　　唐代末期及五代時期，群雄割據，政局紊亂，雖然朝代更替頻繁，但崇儒之風和經學雕印不比前朝遜色。五代時期各朝設置學校，雕印經書，獎掖明經人才非常普遍，在隋唐時期及宋遼金元代之間發揮著極為重要的仲介作用。

　　古代教育在北宋初年，興起了大規模的興學運動。范仲淹和王安石重視教育的社會地位，主張透過振興教育來帶動全社會的變革，代表了中華文明優秀的重教傳統。元代朝廷對民間辦學形式採取了積極的政策，反映出教育對促進民族團結的非凡作用。

▋五代時期儒學和經學

在五代各朝中，後唐對學校教育較為重視。西元九二三年，後唐莊宗李存勖曾設國子祭酒、司業各一員，博士兩員，分掌教育之事。

西元九二七年，後唐明宗李嗣源時的太常丞段頤請博士講經，試圖振興文教。第二年正月，敕令宰相崔協兼判國子祭酒之職。崔協上任後奏請每年只置監生兩百名。

這兩百名監生有投名者，先令學官對其考試，根據其學業深淺程度，再議定收補之事。

後周世宗柴榮時期，朝廷在大梁天福普利禪院重新營建國子監，並營建學舍，成為後來宋代國子學的所在地，而在當時並無大的建樹。

五代之時，官學微弱，學館、書院等教學形式頗為發達，這類學校雖為名儒隱居講習之所，學習空氣比較活躍，但基本崇尚的還是儒家思想。

比如後晉時期學者竇燕山於私宅附近建有四十間的書院，聚書數千卷。他還在家裡辦起了私塾，延請名師教課。有的人家因為沒有錢送孩子到私塾讀書，他就主動把孩子接來，免收學費。《三字經》寫道：

竇燕山，有義方。教五子，名俱揚。

這是對竇燕山教書育人的讚揚。

五代時儒家私學發達的原因首先在於治國者的提倡，科舉考試的導向作用；其次是由於經學較之文學及其他學科易

學，易於中舉升官；再有儒學發展到唐末五代已向簡易與實用的方向發展，其思想內容已從文人雅士向平民百姓滲透。

因此，發展與振興儒學在唐代末期及五代時期有官方和民間廣泛的社會基礎，也有良好的物質條件，其思想內容雖是保守的，但在古代文化教育的發展過程中卻有著重要的作用和意義。

五代時期雖興替頻繁，但學校和科舉都保持著，而且各自運轉自如。後梁取消了制科，在進士考試中詩賦、雜文、策論等也時有更易，但是，與經學教育有關的諸科，如「五經」、「九經」、「三禮」、「三傳」、明經、開元禮、童子科等，反而有了起色。

據文獻記載，五代存世的五十二年間，雖然朝代更易，但「五經」、「九經」、「三禮」等諸科，中選者動輒以百人記。

原因是在承平之時，士人鄙視帖書墨義，朝廷也賤其科而不取，而喪亂以來，為士者往往從事帖誦之學，能夠舉筆成文者十分罕見，朝廷也只好以「五經」、「九經」、「三禮」等諸科為士子進取之途。

五代時期經學教育較之隋唐雖無大的發展，但興建學館、書院和雕印經書，則是教育史上的重大事件。五代時期經學教育和明經科的發展是由時代所決定的。五代諸朝都很重視儒家經典的印行、傳佈和經學教育的發展。

　　當時中國的印刷業和造紙業均有較大的發展，使作為教育重要媒介的書籍得以大量地印刷和流傳。學者除廣泛從事抄寫之事外，還普遍傳閱各種刻本。

　　書籍流傳的速度快，範圍廣，在一定程度上促進了經學教育的恢復和發展，特別是帝王和重臣提供經書版本並主持經書的印行，更使經學圖籍傳播天下。

　　據《舊五代史·晉書》記載，晉高祖因喜好《道德經》，即命雕版印行。

　　沈恬的《夢溪筆談》也記載：

　　版印書籍，唐人尚未盛為之，自馮瀛王始印《五經》，以後典籍，皆為版本。

　　又據《爰日齋叢鈔》記載：

　　自唐末以來，所在學校廢絕，蜀毋昭裔出資財百萬營學館，且請刻《九經》，蜀主從之。

　　這些記載，真實地反映了這一時期的經學書籍雕印盛況。當時除了大量印行《五經文字》和《九經字樣》等經學教科書，還刊印了《經典釋文》等經學參考書或輔助教材。這些都極大地推動了經學教育的普及。

　　雕版印刷術創始於隋唐之際或更早，而其大發展和應用於教材印製主要在五代時期。五代之初，主要是印詩集、韻書和佛經等。自後唐平蜀，受其雕版印經的啟示之後，儒家經典便在國子監中開始刊刻，和唐代的石經相參照，學習者可以在任何地方研讀儒家典籍，而不必非要到京師抄寫石經。

五代時期經學書籍的雕印，為學人提供了極大的方便，尤其為經學在民間的發展創造了良好的條件。也使儒家經學在魏晉時期以後的又一次大動盪中，依然保持其優勢地位，更對後世宋學的開啟起了十分重要的作用。

閱讀連結

後晉時期學者竇燕山十分注重對子女的教育。竇燕山的妻子連續生下了五個兒子，他把全部精力用在培養教育兒子身上，不僅時刻注意他們的身體，還注重他們的學習和品德修養。在他的培養教育下，五個兒子都成為有用之才，先後登科及第。

當時的馮道，後來被稱為古代大規模官刻儒家經籍的創始人，他曾賦詩一首說：「燕山竇十郎，教子有義方。靈椿一株老，丹桂五枝芳。」這裡所說的「丹桂五枝芳」，就是對竇燕山「五子登科」的評價和頌揚。

▌北宋時期的興學運動

北宋初年，朝廷改變了以往間接贊助民間辦學的做法，而是直接管理和資助、興辦地方州學，將重要藩府的州學正式納入官學的體制之中，並逐步形成了若干具有全國性影響力的地方教育中心。

同時，朝野對科舉之學的指責日益公開和普遍，並要求施行切實的改革措施。這些變化，已顯示出北宋初期興學的到來，具有客觀必然的歷史依據，並標示出有待於進一步深化的興學主題。

教育之本：歷代官學與民風教化

開科舉士師古興學

　　在這種情況下，范仲淹首開先河，主持推動了北宋時期第一次全國性的大規模興學運動，史稱「慶曆興學」，它是當時「慶曆新政」的重要內容之一。

　　范仲淹作為倡導興學的主要代表人物，在慶曆興學之前，就對北宋時期教育所面臨的問題及其弊病，做了思想和實踐方面的認真探討，並提出了一系列針砭時弊的建設性主張。

　　早在主持南都府學教席時，范仲淹就上書執政大臣，提出固邦本、厚民力、重名器的治國之策。重名器就是要慎選舉，敦教育，透過恢復制科，改革常科考試，選用具有特異才幹的人才。主張透過興辦學校、養育群材、移風易俗，來實現天下大治的目的。范仲淹的這些主張，為其後的慶曆興學提供了指導方針，並在輿論上做了必要的準備。

　　西元一零四三年，范仲淹在主持新政大局的同時，積極籌劃興學，當年九月奏章上的《條陳十事》，作為慶曆新政的綱領，其中前四項都與科舉教育的改革有關，說明教育改革在新政中佔至關重要的位置。其後，朝廷正式下詔興學，揭開了慶曆興學的序幕。

　　在范仲淹的推動下，慶曆興學的措施，主要是改革科舉考試方法，再就是在州縣立學，選部屬官或布衣宿學之士為教授，規定士必須在學校習業三百天，方許參加考試。

　　此外，為了振興太學，選用擁護新政的著名學者石介、孫復主持太學講席，並建立為太學法度，以改進太學教學及規章體制。同時還設立四門學，允許八品至庶人子弟入學，擴大了中小庶族地主子弟入學深造的機會。

雖然慶曆興學隨慶曆新政而夭折，但它的成就和影響，仍不容忽視。

　　慶曆興學為地方辦學提供了合法的憑據，首開州縣廣興學校的先例，普遍激發起州縣地方興學的熱潮。在新政失敗後，州縣興學的成就仍部分保留下來，一些新政人士被貶到地方後，仍熱心創辦地方學校，使慶曆興學的成果得以保存和擴大。

　　慶曆興學整頓和改進太學、國子學的教學制度，一批碩學名儒主講太學，結束了國子學、太學徒為遊寓取解而無教學之實的狀態，開創了北宋時期朝廷官學的空前盛況。而且新任主講們對於改變浮靡巧偽的士學風氣發揮了重大的作用，並對全國各地的學校造成了積極的主導示範的作用。

　　慶曆興學的改革措施雖未保留下去，但其敢事更張的觀念衝破了因循守舊的積習，感召和影響了一代士風，實際開創了北宋時期社會和教育領域的一個變革的時代。

　　此外，范仲淹等人提倡經濟實學，力圖將學校教學、科舉取士和經世治國三者統一起來，形成一個以學校為主體、科舉考試為手段、社會需求為目的的新教育體制。其目標雖未達到，但這是自科舉制度創立以來所面臨的第一次來自教育領域的認真挑戰，對於改變學校附庸於科舉的狀況、強化學校的社會功能，都造成了歷史性的推動作用。

　　范仲淹的慶曆興學雖然失敗了，但要求興學和針砭時弊的精神對後繼者產生了極大的影響。就是在這種精神鼓舞下，在宋神宗即位後不久，朝野上下就圍

教育之本：歷代官學與民風教化
開科舉士師古興學

　　繞著學校和科舉如何培養、選拔人才的問題，再次展開爭論，並圍繞著這一主題，開始了一場內容更為廣泛、細緻的變法運動。

　　主持和推進這一時期興學的代表人物，是著名的政治家和學者王安石。他在西元一零五八年的《上仁宗皇帝言事書》中，圍繞著人才的教、養、取、任等中心課題，提出了根治北宋時期教育、科舉、吏治弊病的改革方案。

　　比如王安石認為，宋代時期學校存在弊病而不稱養士之職，如學官選擇不嚴，而且無真才實學；教學內容空疏無用，但講章句記誦之學，與社會實際需求脫節等。

　　王安石的議論震撼朝野，雖然不能馬上被宋仁宗所採用，但卻為不久後的變法興學，做了必要的思想和輿論準備，實際造成了此後興學指導綱領的作用。

　　西元一零六九年，王安石任參知政事，主持變法大計，次年再次提出興學復古、改革科舉的建議，並得到了大多數朝臣的贊同。但圍繞著如何變法的具體問題，當時也產生了諸多歧義。

　　經過辯論，西元一零七一年二月，宋神宗下詔書，命王安石改革學校科舉。其內容主要包括以下幾個方面：

　　一是改革太學體制，擴建太學規模，實行三舍法。將太學內捨生名額增擴至三百人，繼而增至九百人。將太學生員按等差分隸於外舍、內舍、上舍，此即三舍法。生員依學業程度，歲時考試藝能，依次升舍。隨著三舍法的推行，太學規模也在不斷擴大。

二是改革人才選擇制度。對人才選拔制度的改革，首先是在科舉考試之外，又立舍選一途，其作用在於強化學校的職能，部分取代科舉的作用。

三是為了進一步統一士論，西元一零七三年設經義局，修《詩》、《書》、《周禮》三經義，由王安石提舉，呂惠卿、王雱霧同修撰。最後修成《三經新義》，由朝廷正式頒行學宮，成為官方考試、講經所依據的標準教材。從此，士子參加經學考試，必宗其說，進而有效地改變了經說紛異的局面。

四是創建和整頓國子監、地方學校及各種專科學校。立國子生員額兩百人，並從太學分取解額四十人以下。從此，國子監稍具教養之實。同時加強專科教育，以培養具有一技之長的變法人才，如恢復設置武學，設置律學，設置了醫學提舉判局，分為方脈科、針科、瘍科，培養醫學人才。地方官學的改進，主要是設置諸路學官，並為之撥充學田，從而在物質上提供了保障。

王安石主持的熙豐興學，推動了北宋教育事業的發展。從此，在朝廷和地方形成了一個學科、內容、形式相對完整配套的學校網絡。

從范仲淹到王安石，北宋時期的大規模興學運動，在學校制度方面的創造性變革，在思想內容方面敢事更張的精神、提倡經世致用的實學風範，均被後人樹為楷模，對保存和振興古代的優秀文化，作出了積極的貢獻。

閱讀連結

范仲淹出身貧寒，刻苦學習入仕後，不忘助人為樂，為社會做出奉獻。這種奉獻精神最生動地體現在他以俸祿購義田，設義莊，創義學等方面。義學的支出皆來源於范仲淹所置義田的收益。義學經費的管理在其手訂的「義莊規矩」中有嚴格規定。

范仲淹設義田、義莊、義學，並對之進行有效管理，在教化族眾、安定社會、優化風尚上取得了巨大成功。同時，開啟了中國古代基礎教育階段免費教育的新篇章。

▌兩宋時期的蒙學教育

古代的蒙學教育，是指連接於小學與學前幼童之間的一種啟蒙教育形式。它透過鄉校、家庭和社會教育，利用特定的方法和手段，對兒童進行知識傳授和道德啟蒙。在這方面，宋代取得了重要成就。

宋代蒙學的場所有鄉學、村校、家塾、舍館等，還有利用農閒季節專為貧民子弟設置的冬學。

宋代蒙學教育的一般目的和任務，是對兒童進行道德啟蒙教育，幫助孩子保養本真的天性，注重基本文化知識的傳播，注重養成正確的學習方法、態度和學習習慣，同時，也重視結合兒童的興趣和愛好。

在童蒙教育中，宋代理學家關於小學教育的主張，發生著廣泛的影響。在對兒童的道德啟蒙方面，宋代學者認為，幼學之年的孩子，先要分別人品上下，向善背惡。

比如宋代理學家朱熹在《小學》中指出：

小學與大學的目的一致，是要「防其幼」，收放心，養德性，教以灑掃、應對、進退之節，愛親、敬長、隆師、親友之道，皆為修身、齊家、治國、平天下的根本，是學習「做人的樣子」。

保養的孩子本真天性，是以孟子性善論為依據的。北宋時期文學家楊億在所著《家訓》一書中就曾明確指出：「童稚之學，不止記誦」；而是要「養其良知良能」。

所謂良知良能，就是相信兒童生來具有一種先天向善的本能。蒙學教育的目的就是保養這種本能，使其不被後天物慾所侵而失去本色。

以後南宋時期理學家有關蒙學教育的一系列論述，大多也發自這一主題。宋代蒙學教育注重基本文化知識的傳播，使兒童打好文字基礎，為將來進一步深造創造必要條件。因此，宋代蒙學課程大多是識字、寫字、背書之類的內容，涉及範圍雖廣，但都十分粗淺。

宋代蒙學教育注重養成正確的學習方法、態度和學習習慣。例如，朱熹在《童蒙須知》中談到幼童讀書要做到心到、眼到、口到，並稱「三到之法，心到最急」。既講了讀書的方法，又講了讀書的態度。

除了讀書外，朱熹還要求兒童培養其他方面的好習慣。諸如：寫字，要一筆一畫，嚴正分明，不可潦草；看書，要將書冊整齊擺放，正身體對書冊，詳緩看字，仔細分明讀之，

字字讀得響亮；日用筆硯器物，皆當整齊嚴肅，頓放有常處，取用既畢，復置原所。

宋代學者也大多重視結合兒童的興趣和愛好，進行啟蒙教育，因勢利導，形式活潑。例如著名理學家張載、程頤和朱熹，談到蒙學教育，都強調猶如春風化雨的造物功用，順其自然，積極誘導。張載認為：教之不受，告之無益。程頤強調教子未見意趣，必不樂學。而朱熹則明確提出：小學書多說恭敬處，少說那防禁處。

蒙學教育方法的改進，也代表著宋代蒙學教育已達到較為成熟的水平；而宋代理學家對蒙學教育的一系列論述，也為後代的蒙學教育提供了思想依據。

宋代的蒙學教材，較之唐代，在內容體系方面更為完備。就內容的分類來講，至少包括歷史類、博物類、倫理道德類、起居禮儀類和綜合類。

歷史類的啟蒙教材，主要有詩人王逢原的《十七史蒙求》，樞密院屬吏劉班的《兩漢蒙求》，史學家黃繼善的《史學提要》等。這類蒙學教材都採用了唐代後期詩人李翰《蒙求》四言韻語的體例，以便於誦讀記憶。

博物類的啟蒙教材，主要有政治家方逢辰的《名物蒙求》，著名學者王應麟的《小學紺珠》和《三字經》。

倫理道德類的啟蒙教材主要有理學家朱熹的《小學》、《訓蒙詩》，詩人和詞人呂本中的《童蒙訓》，理學家呂祖謙的《少儀外傳》，著名學者劉清之的《戒子通錄》等。

起居禮儀類的啟蒙教材。主要有理學家朱熹的《童蒙須知》、《訓詁齋規》，理學家真德秀的《教子齋規》等。

家庭範圍內訓誡類的綜合性啟蒙教材，主要有史學家司馬光的《家範》，政治家和詞人趙鼎的《家訓筆錄》，學者袁采的《世範》，著名詞人葉夢得的《石林家訓》等。

在上述諸書中影響較大的有朱熹的《小學》、《童蒙須知》，司馬光的《家範》及《袁氏世範》。但這類蒙學教材，或者板著臉長於訓誡，或者過於冗長不便記誦，或義理深奧不便領會，不宜被廣大村塾鄉學的兒童所接受。

同時，有些雖以蒙學為本旨，實際並不是切實可行的蒙學教材，如《家訓》、《家戒》之類的書籍，雖標為「家塾訓蒙之書」或為訓課幼學而設，但既不成韻，也不成系統，而且文義冗長，很難被兒童接受，實際只是在局部範圍內介紹或規定蒙學教育方法、宗旨或內容等有關問題的書籍，是為家長或蒙師編寫的蒙學教育參考書。

宋代蒙學教材在後世流傳最廣，影響最大的是相傳王應麟編與的《三字經》和軼名作者所撰的《百家姓》。《三字經》是一部進行博物性知識教育的蒙學書籍，採用三言韻語的方式，內容涉及古代歷史、典故、名言、人物等方面的知識，上述歷朝興廢，下至宋代史實，後由明清時期人補續了遼金時期以來的部分。

該書編次順序或按知識門類，或按時序；先舉方名事類，次及經史諸子，不相雜側，較南朝時期梁人周興嗣的《千字文》以及漢代司馬相如的《凡將篇》、史游的《急就篇》，

教育之本：歷代官學與民風教化

開科舉士師古興學

雖字有重複，辭無藻采，但有關名人的知識容量，過之數倍，而且行文句式更為簡潔明了，易讀易記。

《百家姓》是一部典型的啟蒙識字教材。它集古今姓氏為四言韻語，因「尊國姓」，而以「趙」字為首。內容雖無義理可言，但字韻舒暢，便於誦讀，而且篇幅簡短，切於實用。該書因而深受民間鄉塾和家庭的歡迎，成為宋代以後流傳最廣，幾乎家喻戶曉的蒙學教材之一。

類似《三字經》、《百家姓》之類的蒙學讀本，雖然字裡行間也夾雜著封建綱常倫理的道德說教，但由於內容豐富，深入淺出，通俗易懂，容易被兒童理解，對於沒有機會或資格上學的貧家子弟，也可以透過鄰居或長輩的幫助，從小誦習這些讀本，從中獲得一些粗淺的歷史文化知識和社會、倫理常識。

這樣，既滿足了朝廷「化民成俗」的需要，又可幫助農民子弟擺脫完全文盲的狀況，識幾個字，知一點禮，客觀上有助於提高其文化素養和生產、生活能力。特別是在家族觀念十分濃厚的封建社會，抓住姓氏這個要害進行啟蒙識字教育，也可以說是準確適度地把握並迎合了一般民眾的心理。

《三字經》、《百家姓》的編纂為後代歷朝的蒙學讀本提供了範本，但元明清時期諸代蒙學讀本的編寫雖多因循《三字經》、《百家姓》的格式或加以改編重印，但其影響和流傳範圍都遠不及前者廣泛。由此可以證明：以《三字經》、《百家姓》為代表的宋代蒙學課本，已達到了中國古代蒙學教材編纂的最高水平。

綜觀宋代蒙學教育，在培養兒童德智體諸方面都造成了一定的積極作用。尤其是蒙學教材的編纂，多由當時著名的學者宗師執筆，反映了古代良好的蒙學教育傳統，也反映了宋代特別是南宋時期文化教育事業的繁榮和普及的狀況。

閱讀連結

南宋時期葉夢得在《石林燕語》中曾經追述自己童年的啟蒙老師叫樂君。

樂君家境貧寒，草廬三間，以兩間處諸生，一間讓妻子居住，靠講學為生。平時往往因束脩不繼而忍饑捱寒，以致其妻因米竭而不勝憤怒，闖入學舍，取案上簡擊其首，被群兒環笑扶起。他五十年間每日早早起床，分授群兒經，口誦不倦。

像葉夢得的老師樂君這樣常常餓著肚子，幾十年如一日辛勤教學，又與兒童和睦相處，親密無間的事例，也可反映宋代蒙學教育的一般情形。

▌兩宋時期的書院教育

北宋初期，朝廷無力廣設州縣學校，故士子往往擇勝地，立精舍，以為群居講習之所，書院開始興盛起來。書院代表了宋代初期書院教育的最高水平，並且在宋代初期教育領域佔有重要的地位。

教育之本：歷代官學與民風教化

開科舉士師古興學

　　當時的著名書院，或有四大書院之稱，為白鹿洞、嶽麓、睢陽、嵩陽書院；或有「八大書院」之稱，即上述四大書院外，再加石鼓、茅山、華林、雷塘書院。

　　白鹿洞書院位於今江西省廬山五老峰下，始建於唐代貞元年間。西元九七七年，知江州周述疏請朝廷賜國子監印本「九經」，得準，學徒已達數百人之多。宋代初期任教於白鹿洞書院的學者多為名儒，如劉渙、陳舜俞、陳瑾等，故其造就的學子也多出大才，吸引四方學者輻輳造訪，門庭盈盛。

　　嶽麓書院位於今湖南長沙嶽麓山抱黃洞下，西元九七六年，知潭州朱洞建講堂書齋共五十餘間，初具規模。

　　其後屢經擴建，又經朝廷賜書賜額，山長周式又於西元一零一六年被任為國子監主簿、兼書院教授，故而書院兼有半官半私的性質。

　　睢陽書院也叫「應天府書院」，位於今河南省商丘西北。西元一零零九年，府民曹誠捐款在宋代初期名儒戚同文故居處擴建而成。此後朝廷委官賜田，逐步納入官學的範圍，並一度稱「南都府學」。

　　宋仁宗時期，范仲淹主持南都府學教席，吸引和培養出一大批優秀的學子，為北宋時期教育的興盛和慶曆興學作出了特殊貢獻。

　　嵩陽書院位於今河南登封縣太室山麓。後周時期始建，西元九九六年，朝廷賜「太室書院」額和監本「九經」。西元一零三五年進行重修，並更名為「嵩陽書院」，朝廷賜田一頃供膳。此書院初建時影響雖大，但以後漸趨無聞。

石鼓書院位於今湖南衡陽縣北石鼓山回雁峰下。唐代本為道觀，西元九九七年建為書院，西元一零三五年賜書院匾額及學田，得朝廷贊助而趨於興盛。

　　此外，位於浙江江寧的茅山書院、江西奉新的華林書院、江西安義的雷塘書院，在宋代初期的書院教育中也佔有重要的地位，其辦學風格也頗具特色。如華林、雷塘書院即是一種家族式的學塾，與前述白鹿洞、應天府諸多官方色彩頗濃的書院相比，完全是另外一種類型。華林書院的宗旨即是胡氏家族聚居，數代承傳經史、詩書、禮儀。

　　從上述幾個著名書院的地域分佈來看，宋代初期書院教育普及範圍較為廣泛，但影響較大、數量較多者，還是主要集中在北宋時期首都東京開封的周圍和江西、湖南一帶的書院。

　　集中於東京周圍的書院如應天府書院、嵩陽書院，官學色彩較濃，反映了這類書院在宋代初期的興起，與朝廷的關聯較為深厚。

　　集中於江西一帶的書院如華林書院、雷塘書院、潯陽陳氏東佳書堂，則顯示了唐末五代時期至宋代初期深厚的家族文化淵源。

　　北宋末年，隨著朝廷歷次大規模興學，官辦的州縣學校漸起，書院淪入沉寂，達百年之久。進入南宋時期，書院教育逐步恢復，書院教育達到鼎盛。

南宋時期書院數量大幅度增加，規模和分佈範圍擴大，就連邊遠的黎州，即今四川漢源北也有書院創辦。至於書院的規模和設置，更較北宋時期完善，辦學條件也多有改進。

南宋時期書院的內容和功能有所擴大。南宋時期書院藏書、講學的規模遠遠超過北宋時期，供祀的禮儀也較北宋時期完備；同時，形成了較完備的規章制度，其內容涉及書院的教學內容、方法、教學目的、培養學生的方向，以及書院的日常行政管理條規。

宋代書院實行教學與行政合一的體制。書院的「洞主」、「山長」，既是書院最高的行政首腦，又是主要的講席教師，多由當時著名的學者擔任。

諸如：范仲淹曾為睢陽書院山長，主持講席的同時，也為書院制訂了一系列新的課業和管理規程；朱熹先後主持白鹿洞書院、嶽麓書院的教務，並為白鹿洞書院制訂了學規；其餘如南宋時期著名的學者胡宏主持嶽麓書院教席，陸九淵創辦和主教象山書院，呂祖謙主教麗澤書院等均屬此類。

書院的經費大多採用學田供養制。北宋仁宗朝曾賜給部分書院學田。書院將學田租給附近農民耕種，歲收租廩充為養費。南宋時期書院經費多為自我籌措，來源為私人捐助，或經官方允準，撥歸寺觀絕產和閒地充為經費。

書院除講學和藏書之外，供奉先聖、先師、先賢的祀典，也是重要的職能。宋代書院除祭孔子之外，北宋時期書院多祀本院的初創者，如白鹿洞書院供祖李渤、石鼓書院供祀李寬、睢陽書院供奉戚同文等。南宋時期書院由於多由理學家

創辦，故其祀典也多奉北宋時期周敦頤、張載、「二程」諸子，以彰明尊崇道統的含義。某一學派創辦的書院也往往供祀本學派的宗師。

由此可見，書院祀典的供設，既有表明對先聖先師先賢或先輩的尊敬之意，又具有標明本院教育宗旨的象徵性作用，同時也是為了彰明本書院的辦學特色及其師門承傳的系譜。

宋代書院的教學內容與官學不盡相同，但北宋時期書院鼎盛時期，官學並未設置，書院與家學同樣都是講授科舉之學。南宋時期書院因理學家的倡導，大多講理學，注重學生道德倫理的訓練和涵養，而不著意追求功名利祿。

宋代書院大多由著名學者主持教學，並往往成為某一學派的淵藪之地，故其教學水平遠高於一般官學，具有教學與學術研究相結合的雙重功能。同時，由於書院實行自由討論學術的教學方式，因而辦學風格較為開放，氣氛活躍。

學規是宋代書院綜合治校的立法依據。學規不僅制訂書院教學的宗旨、培養學生的目標，限定學生的行為準則，在觀念上具有塑造學行思維模式的作用。

以朱熹的《白鹿洞書院教條》為例。它首先規定了書院教育的目標，是使學生明了父子、君臣、夫婦、長幼、朋友之間的封建倫理關係法則，要求學生必須遵行這「五倫」；其次規定為學的次序，即博學、審問、慎思、明辨、篤行；再次規定修身、處世、接物之要，大體不過是忠恕仁義、改過遷善、明道非利之類的倫理說教。朱熹規定的書院教育的

目的、宗旨、內容和方式，成為以後歷代書院制度模擬的範本。

宋代書院的興起，一方面滿足了廣大士子讀書求學的願望；另一方面，也緩解了朝廷教力不足的矛盾，為朝廷培養了大批文治人才。

宋代書院構成了完整的書院教育模式。作為一種獨立的教育組織形式，其豐富的教學經驗和靈活多變的辦學形式，為以後歷朝書院所襲用；其相對完整的規章制度和辦學特色，為歷代教育家所取鑒。宋代書院教育傳統所包蘊的豐富內涵是古代教育的寶貴歷史財產。

閱讀連結

宋代書院實行自由討論學術的教學方式，風格開放，學生可自由擇師，來去自由。學生的思路也比較活躍，眼界也更加開闊。這種相對自由開放式的教學制度，使得書院往往成為名師薈萃的學術中心。

比如：浙東奉化舒璘少從張栻在書院問學，以後又先後追隨陸九淵、朱熹、呂祖謙求學，終成大器，被丞相留正譽為「當今第一教官」；信州五山人汪應辰少從呂居仁讀書，以後歷拜胡安國、張栻、呂祖謙為師，求得「造道之方」，終成殿試狀元。

元代民間的辦學特色

在元代，除由朝廷直接管轄的官學外，民間的辦學形式還有廟學、私學、宗教教育和書院，朝廷對它們也都採取了保護、扶持、鼓勵和倡導的政策，使之有所發展。這是元代教育的一大特色。

元代的廟學，是在孔廟中對孔子和曾參、顏回、孟軻、朱熹等先哲祭祀禮拜後進行的以宣講儒家經書為主要內容的一種教學形式。它實際上指的是各級各類儒學，屬於廣義的廟學。

元代還有一種狹義的廟學，專指在孔廟中定期舉行的講學活動。是在每年春秋兩次大祭和每月農曆初一、十五對孔子和儒學先賢祭祀焚香禮拜後進行的一種以儒家經典為基本內容的講學活動，屬於整個祭奠活動的內容之一。

元朝廷之所以重視廟學，這是和他們所實行的尊孔重儒、提倡理學的文教政策完全一致的。這種以孔廟為活動中心的具有廣泛群眾性的教育普及形式，在民間產生了相當大的封建道德和禮法教育的影響，從而促進了社會的相對穩定。

元代的私學十分興盛，它繼承了宋代私學傳統而又有新的發展，但在辦學形式和教學內容上與宋代沒有什麼大的差別。

元代私學的興辦，除主要是漢族外，還有蒙古族、畏兀族、契丹族、女真族、党項族，以及西域各少數民族和阿拉伯等民族，它表現了各民族間文化的廣泛交流，從而有力地

促進了中華民族的大融合。這是元代私學所獨具的鮮明特色，也是它的功績之一。

元代治國者對私學採取鼓勵、支持的態度，在興辦地方官學的同時，規定或自願招師，或自受家學於父兄者，悉從其便。

元代透過私學這種教育形式，的確培養出了大批有用的人才。如元代初期傑出的政治家、思想家耶律楚材，他就得益於家學。

據史書記載，耶律楚材三歲而孤，母楊氏教之學。及長，博覽群書，旁通天文、地理、律曆、術數及釋老、醫卜之說，成了當時著名的學者。

他十九歲時就透過科舉考試進入仕途。耶律楚材之所以能成才，除了他本身天資好、家裡有優越的學習條件外，主要是家學淵源的影響，特別得益於幼年時母親楊氏的教子有方。

還有元代傑出的科學家郭守敬，幼承祖父郭榮家學，攻研天文、算學、水利。可見，郭守敬的成才，與家學和名師傳授也是分不開的。

除耶律楚材、郭守敬外，《元史》記載了很多人物，都是透過自學成才或透過家學和名師傳授而成才的，反映了元代私學成才的一般情況。

從教學形式上看，有矢志自學，刻苦攻讀者；有家學淵源深厚，受教於父兄或祖母、母親者；有由家庭延請名師授

業者；有儒生親自訪求名儒或明師，得之口傳心授者，形式不拘一格。

　　元代私學的學習內容，一般都以儒家經典為主，即以「四書」、「五經」和「二程」、朱熹的註疏為基本教材，但也兼及天文、地理、律曆、算數、醫學等有很高實用價值的自然科學的內容。

　　當儒生們學有所成後，大部分人透過各種方式踏入仕途，為世所用，在功業上有所建樹；也有相當一部分的儒生恥事權貴，不屑於仕，或閉門教誨子弟，或在鄉里設學授業，或隱居山林講學傳道。

　　元代那些透過私學成才的人，為保存、繼承和發展以漢族儒學為主體的華夏文化，普及文化教育，培養各方面有用的人才，作出了積極有益的貢獻。

　　由於元代朝廷對各種宗教，都採取兼容並包的政策，所以元代各種宗教教育都比較興盛，其中尤以佛教的勢力最強，在政治上產生了很大的影響。各種宗教透過寺、觀、教堂進行傳教活動，普遍開展宗教教育。這在古代歷史上是罕見的。

　　佛教的教育形式通常是俗講，即由道行高深的僧侶用通俗的語言和形象的實例宣揚佛教的教義，勸人皈依佛教。俗講往往與祭禮祝禱結合在一起，有似元代廟學在孔廟中對孔子和先哲祭祀禮拜後所進行的講學活動一樣，也是整個崇佛活動的重要組成部分。

　　佛教教育除了俗講這一主要形式外，還有佛經的翻譯刻印，傳佈四方；佛寺裡的雕塑、壁畫，民間流傳的宣揚佛法

無邊和向善去惡、因果輪迴等內容的話本、戲劇，更是一種形象性的教育形式。

至於佛教僧侶和信徒們的崇佛祈禱和禁咒祛邪等活動，與人們日常生活中的生老病死有著密切的關係，因而這種教育形式所造成的潛移默化的效果，也就更為普遍和明顯．

元代治國者承襲宋代的傳統，對書院採取利用和控制的方針，積極地加以提倡、扶持並給予獎勵，使之朝官學化的方向演變，從而使元代的書院較之宋代又有了進一步的發展。

當時不少漢族的儒家學者，不願到朝廷做官，也不願到朝廷所設的官學中去任教，甚至不願讓自己的子弟到官方所設立的學校去就讀，於是他們就退而自立書院，招收生徒講學。如安徽歙縣的汪維岳建友陶書院，江西婺源的胡一桂隱居於婺源湖山書院授徒講學，安徽休寧的汪一龍在婺源的紫陽學院講授程朱理學。

面對這種情況，元代治國者吸取遼金時期治國經驗，採用了較為開明的文教政策，因勢利導，對各地書院的建立和恢復加以鼓勵和提倡，並將書院與地方上路、府、州、縣官學同等看待，歸官府統一管理。

這是元世祖忽必烈對書院的承認和提倡，也為漢族士大夫及其子弟開闢了一條出路，化消極因素為積極因素，不僅緩和了漢族知識分子的反抗情緒，而且為他們提供了研究學術和講學、求學的場所，利用他們的文化知識，為發展元代的文化教育事業服務。

因而從此以後，書院這種有別於官學的民間教育機構，在元代就更加興盛起來。到元代末期順帝時更是遍地開花，數量大大超過了宋代。這正是元代治國者實行比較緩和的文教政策的成功之處。

對元代書院的興建和發展有重大影響的是楊唯中，姚樞、趙復、王粹、許衡、郝經、劉因等一批儒家學者，他們有的參與了書院政策的制訂，有的主持著名的書院，有的是書院的主講。皆以儒家經典、尤其是程朱理學作為教學的基本內容。

元代書院的普遍建立，對於普及文化教育、傳授儒家經典和程朱理學、傳播宗教思想，都造成了極為重要的作用。

元代富有特色的廟學、私學、宗教和書院等民間教育形式，呈現出前所未有的盛況，培養了一大批才華出眾的各民族知識分子，促進了中華民族的大融合和中外文化的交匯。

閱讀連結

據傳，元代國師八思巴三歲時能唸咒語，七歲時能背誦經文數十萬字，大略地通曉其中的含義，八歲時能背誦《本生經》，九歲時即向人們講經。西藏人稱之為「八思巴」，即聖童的意思。就八思巴本人而言，他的成長過程完全得益於佛學教育。

八思巴一生的著作，有《彰所知論》等三十餘種，是蒙古新字的創始人。他對於普及藏傳佛教，促進元代文化教育事業的發展，造成了極為重要的作用。

教育之本：歷代官學與民風教化

文明傳遞崇儒重教

文明傳遞崇儒重教

　　明代官學教育體系健全完備，「八股取士」代表著與科舉制的緊密結合。明代以東林書院為代表的書院教育緊貼時政，成為這一時期的亮點。明清時期蒙學繼承歷史遺產並有所創新，代表著古代蒙學走向成熟。

　　清代官學在基本沿襲明代舊制的情況下，創辦了富有特色的八旗官學。清代書院教育在中後期高度發達，書院致力於讀書學和學術研究。清代蒙學教學水平提高，階段教育體制更加完善。清代洋務教育在推動中國教育近代化進程中，發揮了重要作用。

▌明清時期的官學教育

明清時期，朝廷官學的行政機構是國子監即太學，掌管全國教育行政的機構仍是禮部。地方官學則由朝廷任命各省提學官，全權負責領導。

明代的官辦學校教育，無論其制度建設，還是其實際的發展狀態，已經形成了健全完備、完全向良民開放，並且與科舉制緊密結合的官辦儒學教育體系。在古代教育史上佔有十分重要的地位。

明太祖朱元璋建都南京，建國學於雞鳴山下。明成祖朱棣遷都北京時保留南京為陪都，將已改為北平府學的故元大都國子監又改成北京國子監，南京國子監依然存在，於是明代國子監有南北兩監之分。

明代國子監隸屬於禮部。國子監長官為祭酒，副長官為司業。教學管理機構為「五廳」和「六堂」。「五廳」，即繩愆廳、博士廳、典籍廳、典簿廳和掌饌廳，分別設有監丞、博士、典籍、典簿和掌饌等職。「六堂」，為學生編制所在和學習場所，指率性、修道、誠心、正義、崇志和廣業六堂，有初、中、高三級。

明代國子監學生通稱「監生」，依其來源分為四類：一是會試落榜的舉人，稱為「舉監」；二是地方官學生員選拔入監的，稱為「貢監」；三是一定級別以上的官員及功臣後代，稱為「蔭監」；四是繳納錢物而買到的監生資格，稱為「例監」。

監生是一種社會政治身分，成為監生就意味著獲得了做官的資格。監生本人，連同家屬兩人都可免除徭役。監內實行會饌，即會餐制度，伙食標準是相當高的，會發給相應的錢物，家屬也有一份。另外，還發給冬夏服裝，文具紙張及生活用品，有病由官府給予醫治，待遇相當優厚。

　　國子監的教學內容以「四書五經」為主。此外還學習《性理大全》，加讀《說苑》、《大明律令》、《御製大誥》，還有習字、習射等。明代尤其強調科舉致仕。明代成化年間，規定科舉考試用排偶文體闡發經義，稱為「八股」，也稱「時文」、「制義」或「制藝」。八股取士後來也成為清代選拔官吏的科舉制度。

　　所謂八股文，每篇由破題、承題、起講、入題、出題、起股、中股、後股、束股、落下十個部分組成。破題，開首用兩句設破題意；承題，用三四句或五六句承接破題的意義加以說明；起講，用數句或十數作為議論的開始，只寫題大意，宜虛不宜實。入手一兩句或三四句，為起講後入手之處。以下起股至束股才是正式議論中心。

　　八股文的試題出自「四書」，應試者必須按「四書五經」的代聖賢立言，依格式填寫，因而具很大的侷限性，弊病尤大。然而明清取士，卻以科舉為重，而科舉又以八股文為主，於是教育重心當然就完全放在如何教八股文與如何做八股文上了，嚴重束縛了學子的思想與才華，不利於社會的進步。

　　明代國子監教學實行升堂積分制。學生入學後先入正義、崇志、廣業堂低級班學習，一年半以後，文理通者升修道、

誠心堂中級班學習，再過一年半，經史文理俱優者升率性堂高級班。監生升入率性堂，則採用「積分制」，按月考試，一年積滿八分為及格，可以待補為官了，不及格仍坐監肄業。

為滿足當時官吏不足的需要，明代於西元一三七二年創立了監生歷事之制。歷事，即「歷練政事」，是實習官吏的制度。凡在監十年以上者，派到六部諸司實習吏事，並考察其勤惰。歷練三個月，進行考核，勤謹者送吏部備案待選，仍令繼續歷事，遇到官缺，依次補用。表現平常的再令歷練。下等的取消歷練資格，送還國子監讀書。

明代對監生制訂的制度中，還有服勞役、戴枷鐐、充軍乃至梟首等封建時代全套的懲治手段。恩威並舉，以達到嚴格管理的目的。

除了國子監之外，明代還有專為皇族後裔子弟而設的宗學，以及學習軍事技能的武學。

清代京師國子監沿襲明代北京國子監，校舍規制更加嚴整。原明代南京國子監到清代改為江寧府學。西元一七八五年建成宏大的辟雍，成為國子監的主建築。

清代國子監祭酒、司業、監丞、博士等職，均有滿、漢之分，各設一人。助教、學正、學錄、典籍等職，有滿、漢、蒙之分，往往並列而設。

清代國子監的生源也和明代一樣，有會試落榜的舉人、地方官學生員選拔入監者、一定級別以上的官員及功臣後代、繳納錢物而買到的監生資格者四個途徑，依據是否具有府、州、縣學生員的身分，分為貢生和監生兩大類，前者的地位

和待遇高於後者。學生學習《聖諭廣訓》，以及詔、誥、表、判等公文及策論的寫作。

　　清代國子監「六堂」改為兩兩分級，率性、修道為高級，誠心、正義為中級，崇志、廣業為初級。升堂實際上只是熬年頭、看資歷了。國子監對監生的管制嚴格，監內有監規，繩愆廳就是專門糾察和懲治學生過錯的地方。一般學校最高懲罰不過開除學籍。

　　清代初期，監生坐監期滿，即撥歷各部院衙門實習吏事，每三個月考核一次，一年期滿，送朝廷考察授官。康熙時期以後停止撥歷。

　　清朝廷還為擁有特權的八旗子弟設立了各類學校。數量最多的是八旗官學，分設在圓明園護軍營、火器營、健衛營以及各地駐防旗營所，由滿、蒙、漢各旗各設學館教授子弟，歸國子監管轄。此外，還有宗人府管轄的宗學和覺羅學，對象是皇室後裔和其他愛新覺羅氏後裔；內務府管轄的咸安宮官學、景山官學，對象是皇城禁衛軍的內三旗子弟。

　　八旗學校重點是學滿文與騎射，是為了維護八旗子弟的固有傳統，同時也兼習漢文和經史之學，以增強他們的文化素養。

　　明代地方官學在前期比較興盛，明太祖立國之初，既在全國諸府、州、縣設立府、州、縣學，又在防區衛所設有衛學，鄉村設社學，還在各地方行政機構所在地設置都司儒學、宣慰司儒學等有司儒學，最盛時全國合計有學校 一千七百餘

所。府設教授、州設學正、縣設教諭各一人。皆設訓導，府學四人、州學三人、縣學三人。

明前期全國有地方學官四千兩百餘員。學生名額，府學四十人、州縣依次減十人。但不久即命增廣學員。增廣既多，於是初設食廩者為廩膳生員，增廣者謂增廣生員。人才愈多，又於額外增取，附於生員之末，謂之為附學生員。

明代地方官學的學習內容，在明初為專習一經，以禮、樂、射、御、書、數設科分教。後來又重行規定，計分禮、射、書、數四科，頒經史禮儀等書，要生員熟讀精通，每日習書五百字，數學須通《九章》之法，又須學射於習射場所射圃。

由於學校成為科舉考試的預備場所，明代地方學校訂有考試制度，月考每月由教官舉行一次；歲考、科考則於掌管一省教育行政大權的提學官主持，其在任三年兩試諸生，第一次為歲考，別諸生成績為六等，凡附學生員考至一等前列可補廩膳生，其次補增廣生。一二等還可受獎，四等以下則分別給予懲責、降級、除名等處分。第二次為科考時，提取歲考時一二等生員，加以複試，考試上者可獲應鄉試資格。

至明孝宗朱祐樘時，令各府州縣建立社學，民間十五歲以下者送入讀書。講習婚冠喪祭禮節，生徒之俊秀者亦有補儒學生員資格，但此制實行不久就被廢。

明代對地方官學生員是嚴加管制的。明太祖向全國各地學校頒布「禁例十二條」，刻在石碑上，其要點是嚴禁師生議論國事，干預地方政務。要求他們遵紀守法，尊師重道，潛心治學，以求得到朝廷重用。

清代地方官學基本沿襲明制。依其地方區劃設有府學、州學、縣學，並於鄉間置社學。各地均設專職學官，如在順治初年，各省設提學道，直隸、江南各設提學御史。至康熙年間改為提督學政，各管本省學政事務。

各學教官，府設教授，州設學正，縣設教諭各一人。皆設訓導佐之，員額不定。學生資格也分為三等：附學生、增廣生、廩膳生。每次錄取生員名額皆有定數。生員入學前稱「童生」，童生入學需經縣、府、院三級考試合格才有入學資格，俗稱「秀才」。

生員在學，並非以讀書課業為主，其主要任務在於參加歲、科考試，以取得鄉試資格。學習內容為《御纂經解》、《性理》、《詩》、《古文辭》及校訂《十三經》、《二十二史》、《三通》等書，還有「四書五經」、《性理大全》、《資治通鑒綱目》、《大學衍義》、《歷代名臣奏議》、《文章正宗》等書。總之，不外儒家經典和體現官方統治思想的宋明理學著作以及應付科舉考試的八股文之類。

清代地方官學學規較之明代更嚴。如康熙時期頒「聖諭十六條」，雍正時期又演為「聖諭廣訓」等。明清時期的官學教育，一方面造成了「育人才」的作用，更重要的是盡到了「化民成俗」這一教化之責。

閱讀連結

清代小說家吳敬梓的《儒林外史》中，描寫了范進中舉瘋癲的故事：范進中舉前，飽嘗科舉制度下落第文人的辛酸苦楚。五十多歲僅是個童生，家中窮苦不堪，冬天還穿著單

衣服，在這種情況下，由於主試官周進的抬舉，應試及第。他喜不自勝出現了癲狂狀態。在恢復過來後，他的岳丈胡屠戶由從前對他不屑一顧變為阿諛奉承；同縣的「名流」也紛紛巴結。

故事諷刺了范進「一朝得志，語無倫次」的悲劇性格，以及當時社會趨炎附勢的可恥風氣。

明清時期的書院教育

明清時期，書院教育的發展可以說是幾度興衰。明初，因為漢族政權的恢復，提倡科舉，重視官學，士人也都熱衷於正統學業，書院受到冷落。

明代中後期，因為科舉越發僵化，官學有名無實，一些理學家為救治時弊，多立書院，授徒講學，於是，書院興盛起來。

在當時，書院講學最為著名的是理學大師湛若水和王陽明。他們駐足之處，必建書院，聚徒講學。他們提倡心學，在理學中別樹一幟。他們的弟子後學繼續建立書院，聚徒講學，於是，書院講學之風盛行一時。

由於當時書院的自由講學與治國者的文化專制不相容，明代後期日趨腐敗的政治必然遭到儒家士大夫的批評，雙方的矛盾越來越加強。所以，從明代嘉慶、萬曆時期以後，朝廷先後四次下令禁毀書院。但是，因書院有廣泛的社會基礎和強大的生命力，很快又得以恢復。

明代最著名的書院是位於江蘇無錫的東林書院，原為宋代學者楊時講學的場所。明代正德年間，鄉人邵寶繼承楊時講學之志，重建書院，謂之「東林」，王陽明為之作序。西元一六零四年，被明代朝廷革職的顧憲成和高攀龍等復建東林書院，擴大規模，聚徒講學，並訂立《東林會約》。

　　東林書院以追求「為聖為賢」的「實學」為務，常議論朝政得失，抨擊權貴，揭露腐朽。書院的這一特點，集中地體現在顧憲成為其題寫的一幅對聯上：風聲雨聲讀書聲，聲聲入耳；家事國事天下事，事事關心。

　　東林書院每逢會講，遠近赴會者常數百人，就連「草野齊民」、「總角童子」，也可以到書院聽講。久而久之，在江南形成一個著名的東林學派，其影響逐漸蔓延至全國。東林黨人在京師也辦起了首善書院，打破了都門不敢講學的戒律。

　　清代初年，治國者推崇科舉和官學，對書院採取抑制的態度。西元一六五二年，清代朝廷明令教官、生儒務將平日所學經書義理躬行實踐，不允許再創書院群聚徒黨，空談廢業。

　　然而，當時的一些思想家和教育家仍堅持書院的講學活動。南有黃宗羲講學於海昌、姚江等書院，北有顏元主講於直隸漳南書院，西有李顒主講於陝西關中書院。

　　在這種禁而不止的形勢下，清代朝廷感到抑制書院的政策行不通，倒不如加以提倡，使之為我所用。於是，雍正皇

教育之本：歷代官學與民風教化
文明傳遞崇儒重教

帝在西元一七三三年詔諭在各省設立書院，同時採取了一系列措施，加強對書院的管理和控制。

清代書院的生員，由各州縣選拔。對「山長」、教師的考核、懲罰、提調，也由地方當局辦理。朝廷為書院撥給經費或置學田，使其經費有所保證。

由於官學和科舉已完全合流，而官學的教學容量又很有限，所以也需要興辦書院作為官學教育的補充，特別是向生員提供學習場所。這類的書院佔到清代書院總數的百分之九十以上。

在教學內容上，以科舉文字的訓練為主，實際上可以看做是官學的分校或官學的讀書場所。如北京的金臺書院就是由順天府主辦，供國子監貢監生、京師生員在此修業，也招收部分童生，官方給予生活津貼。一些大書院的建築，已經與官學相通，也有孔廟之設，同時又體現書院讀書學習的典雅特色。

清代中後期，書院高度發達，遍佈各地，連少數民族聚居的地方也辦有書院。儘管大多數書院已官學化，但畢竟還是讀書學習的場所。與此同時，有一些

書院仍保持研究型的本色，如清嘉慶、道光年間著名學者阮元創辦的杭州詁經精舍和廣東學海堂，就是當時訓詁考據學研究與教學的重點場所。

這兩所書院以「專勉實學」為教學宗旨，注重扎扎實實做學問，編撰出版了一千四百卷的巨著《皇清經解》。還出

版了《詁經精舍文集》和《學海堂集》，體現了治學的巨大成果。

書院不僅對古代社會的教育發生過重要影響，而且先後傳至日本、朝鮮、東南亞各國，至今在這些國家仍有不少書院，尤其在日本更為普遍。

閱讀連結

宋代學者楊時講學的場所，後來成了明代著名的東林書院。楊時潛心學習經史，曾經在潁昌以學生禮節拜著名理學大師程顥為師，師生相處得很好。程顥去世後，楊時就在臥室設了程顥的靈位哭祭，又用書信訃告同學的人，然後又到洛陽，準備拜程頤為師。這時楊時已四十歲了。

這一天，楊時拜見程頤，程頤正閉著眼睛坐著，楊時就侍立在門外，天降大雪也沒有離開。程頤已經察覺的時候，那門外的雪已經一尺多深了。「程門立雪」的典故即由此而來。

▌明清時期的蒙學教育

明清時期是封建社會最後發展階段，蒙學教育臻於成熟。在繼承歷史遺產的同時，其教學形式、教師隊伍，尤其是教材編寫方面，已經形成了自己的特色。

明清時期的蒙學有三種形式：一是坐館或教館，即地主士紳豪富聘請教師在家進行教學；二是家塾或私塾，即教師

教育之本：歷代官學與民風教化
文明傳遞崇儒重教

在自己家內設學；三是義學或義塾，即指地方或個人出錢資助設立小學招收貧寒子弟，帶有慈善事業的性質。

明清時期的蒙學已經定型，有了一般固定的教學制度和教學程式，也有了一批教蒙學的教師。

蒙學教師簡稱為「蒙師」，有的是當地的童生或窮秀才，那些稍有才識，衣食有希望的，都不願當教師，所謂「家有二斗糧，不作孩子王」。清代學者崔學古在《幼訓》中說「為師難，為蒙師更難」，因此呼籲改變蒙師狀況。

明清時期的蒙學教材很多，除《三字經》、《百家姓》、《千字文》外，流行一時的還有《千家詩》、《龍文鞭影》、《幼學瓊林》、《童蒙觀鑒》等。

有史以來，對兒童的開蒙教育常常是非常有趣的，明清時期也不例外。《清稗類鈔》第四冊有一首《嘲私塾詩》，勾畫了明清蒙學教學活動的情景：

一陣烏鴉噪晚風，諸生齊放好喉嚨。趙錢孫李周吳鄭，天地玄黃宇宙洪。《三字經》完翻《鑒略》，《千家詩》畢念《神童》。其中有個聰明者，一目三行讀「大」、「中」。

詩中描述的教學順序是，先讀完《三字經》、《百家姓》、《千字文》後，再讀《千家詩》、《神童詩》、《鑒略》，然後再讀《大學》、《中庸》、《論語》、《孟子》這「四書」。其中《千家詩》是蒙學中主要的詩歌教材，此書是先由宋代學者謝枋得《重定千家詩》七律和清代學者王相所選《五言千家詩》合併而成。

《千家詩》共選詩兩百餘首，大部分語言流暢，詞句淺近，易讀易記，包括不少膾炙人口的名篇，如李白的《靜夜思》、孟浩然的《春曉》、王之渙的《登鸛雀樓》、杜牧的《清明》、蘇軾的《飲湖上，初晴後雨》等名詩。

還有一種蒙學課本叫做「雜字」書，在歷代史書上很少著錄，但其內容切合日用，又分類編纂，既可作識字課本，又能起字典作用，適合一般手工業者、農民、商人及其子女的需要，在蒙學中也佔有一定的地位。

比如在《五行雜字》中，有與耕種活動和農家日常生活需要有關的內容：「麵餅大犒賞，豆腐小解饞。說的咱家話，財主卻不然。弱人服參湯，肚壯吃黃連。清晨用點心，晚晌吃糖圓。夏天雞滷麵，雞蛋合肉丸。哪怕天鵝肉，說要也不難……」最後以「幾句俗言語，休當戲言觀。專心記此字，落筆不犯難」結束。

再如《六言雜誌》中有這幾行：

黃花金針木耳，蘑菇大料茴香。魚肚海蜇紫菜，香蕈燕窩白糖。花椒胡椒芥末，紅曲醬瓜醃姜……兄弟哥哥嫂嫂，母舅妗子姨娘。大伯小叔侄兒，丈人岳母姑娘……飛叉木鍁掃帚，推扒梯子刮板……

明清時期的蒙學主要進行讀書、習字和作文三方面的教學，是為進入官學、書院及應科舉考試做基礎準備，而每一方面的教學，又都建立了一定的次序。比如讀書，首先進行集中識字。待兒童熟記千餘字後，進入讀《三字經》、《百家姓》、《千字文》、《千家詩》的階段，進而再讀「四書」。

文明傳遞崇儒重教

　　學塾教學的重點在於指導兒童跟讀、熟讀和背誦上。在此基礎上，教師進行講書，著重闡述書中的封建政治思想和倫理原則。

　　習字的次序，先由教師把著手教兒童用毛筆，而後描紅，再進入臨帖書寫，這時學塾教學的重點在於指導兒童用描紅本及名家字帖。

　　在作文之前先必練習作對。教師訓練兒童作對，先從模仿做起。如教師講「正名」這一格式，就要舉例「送酒東南去，迎琴西北來」，再讓兒童仿著寫一句；教師講「因類」這一格式，也要舉例「圓荷浮小葉，細麥落輕花」，再讓兒童仿著寫一句。

　　此外，教師還運用一些作對學文的書和詩詞範文指導兒童。如明末清初文學家李漁的《笠翁對韻》中的「天對地，雨對風，大陸對長空，山花對海樹，赤日對蒼穹」、「雲對雨，雪對風，晚照對晴空。來鴻對去雁，宿鳥對鳴蟲」等。

　　作對練習是一種不講語法理論而實際上卻是相當嚴密的語法訓練，經過多次練習之後，兒童可以純熟地掌握詞類和造句的規律，並且用之於寫作。這一種基礎訓練的方式，的確是值得我們重視的。

　　學塾中實行個別指導，教學進度以兒童的接受能力為轉移，都遵循由易及難，由淺入深的原則，前一步的學習為後一步的學習鋪墊基礎。教學中尤重視溫故，教師有計劃有步驟地組織兒童複習舊課，在溫故

　　的基礎上再上新課。當時流行有《訓蒙歌》一首：

牢記牢記牢牢記，莫把蒙師看容易。教他書，須識字，不要慌張直念去。聲聲字眼念清真，不論遍數教會住。教完書，看寫字，一筆一筆要端詳，不許糊塗寫草字。字寫完，做對句，見景生情不必奇，只要說來有意趣。

　　平仄調，毋貪異。做完對句有餘功，寫個破承教他記。催唸書，口不住，時常兩眼相對看，怕他手內做把戲。非吃飯，莫放去。

　　出了恭，急忙至，防他悄悄到家中，開了廚門偷炒米。清晨就要來，日落放他去。深深兩揖出門外，彬彬有禮循規矩。若能如此教書生，主人心裡方歡喜。

　　隨著蒙學的發展，童蒙教學法的著作也開始出現。西元一八四一年的辛丑科狀元龍啟瑞，根據自己的親身經歷和清代的蒙學教學實際，著有《家塾課程》，總結了古代的蒙學教學經驗，提出以看、讀、寫、作四個字為綱，強調要熟讀精思、漸進有恆、自求自得、嚴格要求，頗受當時社會各界的重視，流傳很廣。即使對今天中小學的語文教學，也可提供啟示和借鑑。

　　著名的有清代語言學家王筠撰寫的《教童子法》，是一本專門論述蒙學教育的著作。此書對識字、寫字、讀書、作對、作詩、作文方面的基本訓練作了系統的論述，對蒙學的一般原理也提出了一些獨到的見解。如它重視學生的學習興趣，反對呆讀死背的教學方法等。

　　書中還要求教師瞭解學生，因材施教，而不能使用體罰威嚇學生。並以觀察學生是「歡欣鼓舞」，還是「奄奄如死人」，作為判斷其師是「良師」還是「笨牛」。

　　明清時期的蒙學教育，滲透著古代濃郁的封建倫理綱常的說教，體現了它的普世教化功能。同時，在教材編寫上，注意到了適應兒童的興趣和心理特點，對後來的兒童教材編寫有一定指導意義。

閱讀連結

　　清代學人崔學古在《幼訓》中指出，遊戲對兒童發展具有重要的作用。他認為，要對兒童進行教育，必須順應兒童的自然發展規律，遊戲則是最主要的手段。

　　古代在蒙學教育中有一種傳統遊戲，叫做《捉乖乖》。說道：「蒙上眼，捉乖乖，捉住誰，我猜猜。摸摸小腦袋，說出名字來。」這是一種兒童摸瞎遊戲玩法，意思是說，帕子矇住兒童的眼睛，讓他去摸索應摸的東西或人，摸到或抓住後要說出物品的名稱或這個人是誰。

▍清代階段教育的體制

　　清代建立了完備的階段教育體制，並在各個階段即學前、初等、中等、高等教育過程中，將一貫提倡的「崇儒重道」精神貫徹其中，體現了古代儒家教化的文明傳承。

　　清代以前沒有正規的幼兒教育，清末「戊戌變法」期間，維新人士開始注意到這個問題，康有為在《大同書》中設計

「育嬰院」，收三五歲兒童。梁啟超在《教育政策私議》中提倡設立幼稚園，收五歲以下兒童，保育年限為兩年。由於「戊戌變法」運動的失敗，這些主張未能得到施行。

光緒年間，清代朝廷下詔興學，令各州縣「多設蒙學堂」，並頒布《奏定學堂章程》，制訂了第一個蒙養院章程，首次將蒙養院正式列入學校系統。

蒙養院章程規定：各省、府、廳、州、縣以及較大市鎮，均應在育嬰堂即孤兒院和敬節堂即寡婦堂內附設蒙養院，以蒙養院輔助家庭教育，以家庭教育包括女學。專為保育教導三歲至七歲的兒童，每日不得超過四小時。

保育教導的主要內容有遊戲、歌謠、談話和手技，其目的在於「發育其身體，漸啟其心知」。保育教導的方法是，就兒童最易通曉的事情，最喜好的事物，漸次啟發涵養，同時強調：「斷不可強授以難記難解之事，或使為疲乏過度之業。」

初設蒙養院，師資成問題，因為古代歷來排斥女子教育，保育員沒有來源。章程只能規定各省學堂將《孝經》、「四書」、《烈女傳》、《女誡》、《女訓》及《教女遺規》等書，擇要編成淺顯的圖書，分散給各家各戶。並選取外國家庭教育書籍中簡易而且不與中國婦道婦職相悖者，廣為譯刊，希望由家庭教育中培養出保育員來。

《奏定學堂章程》頒布以後，一些省市隨即開辦了幼兒教育機構，比如武昌模範小學附設蒙養院、上海務本女塾附

文明傳遞崇儒重教

設幼稚舍、湖北幼稚園、湖南蒙養院、江蘇學務處各屬的蒙養院、上海私立愛國女學設立的蒙養院等。

　　各教學機構制訂了自己的相關章程或規定。如《湖北幼稚園開辦章程》規定：幼稚園「重養不重學」，招收五六歲的兒童入園，保育科目有行儀、訓話、幼稚園語、日常用語、手技、唱歌、遊戲等，目的是為兒童體育、智育、德育的發展打下根基。

　　清代幼兒教育，古代歷史上第一次出現的學校式的學前教育，儘管當時的幼兒教育還只是家庭教育的輔助，但對古代教育的發展具有積極意義。

　　清代的初等教育，首倡者是近代小學教育的創始人張煥綸。西元一八七八年，張煥綸在上海創辦的正蒙書院小班。當時雖然名為書院，但從課程設置來看，有國文、史地、經史、時務、格致、數學、詩歌等，因此實際上是一所新式學堂。改稱梅溪書院，增設英文、法文課，注重體育，對學生進行軍事訓練。

　　此外，清代著名的學者鐘天緯於。西元一八九六年在上海創辦的三等公學，也是新式初等教育萌芽時期的私立小學堂。

　　古代最早的公立新式小學是西元一八九七年著名的政治家、企業家和慈善家盛宣懷奏辦的南洋公學外院。挑封面

　　西元一八九八年五月，光緒帝諭令各省、府、廳、州、縣將現有的大小書院一律改為學堂，其中的州縣書院改為小學堂。在各地辦起的小學校中，較為著名的有無錫三等公學；

北京八旗奉直第一號小學堂、蘇州創辦崇辨蒙學、天津創立蒙養東塾，自編《啟蒙圖說》、《啟蒙問答》等教科書。

一九零二年的《欽定學堂章程》規定小學教育為三級：蒙學堂、尋常小學堂和高等小學堂，兒童自六歲起受蒙學四年，十歲入小學堂學習六年。

後又把三級十年的小學教育改為兩級九年，初等小學堂五年和高等小學堂四年，同時，從前的蒙學堂改為屬於幼兒園性質的蒙養院。

初等小學堂收滿六歲以上的兒童，分必修科和隨意科。必修學科有八門，修身、讀經講經、中國文學、算術、歷史、地理、格致和體操；隨意科有兩門，圖畫和手工。每週上課三十小時。普遍實施班級授課制，廢除從前學校中的個別授課制。

教學方法規定「以講解為最要」，並注意「循循善誘之法」，糾正了從前專重死記硬背的教學方法，還規定儘量不用體罰。

小學堂分為官立、公立何私立三種，和單級、多級、半日三類，可以按著各地的具體情況開設不同的學堂。

高等小學堂招收初等小學畢業生，也分兩科。必修學科有九門，修身、讀經講經、中國文學、算術、中國歷史、地理、格致、圖畫和體操；隨意科可視各地情形加設手工、商業和農業等。每週上課三十六小時。教學方法基本與初等小學相同。

教育之本：歷代官學與民風教化
文明傳遞崇儒重教

　　西元一九零九年，江蘇教育總會呈學部請變通初小學堂章程，認為初等小學的年限越短、科目越簡單，教育普及就越容易，建議縮短初等小學的年限並簡化其學習科目。學部根據各方面的意見，於當年頒布《變通初等小學章程》，分初等小學為三種：五年完全科，四年簡易科和三年簡易科。

　　同年十一月，學部又頒布《簡易識字學塾章程》，為年長失學及貧寒子弟無力就學者設立「簡易識字學塾」。這種學塾學習年限為兩三年，每日上課兩三小時，可設半日班或夜校。學生不交學費，應用書籍物品都由學塾發給，學習科目有簡易識字課本、國民必讀課本和淺易算術，可設體操為隨意科。

　　當時發展小學缺少資金和教師，熱心教育者認為不如改良舊塾，使之逐漸成為初等或高等小學堂。於是，上海成立私塾改良總會，公佈《私塾改良章程》。兩江總督周馥札飭各屬仿辦，繼任者端方也命寧、蘇、皖、贛提學使司「切實籌款興辦」。

　　不久，學部頒布《改良私塾章程》，規定：初等私塾至少須授修身、國文、讀經講經、算術四科；高等私塾除上述四科外，還應加習歷史、地理，高級班還可酌加格致和體操。

　　清代的中等教育始於西元一八九五年盛宣懷奏設的天津中西學堂中的二等學堂。該校分頭等和二等兩級，頭等學堂相當於大學，二等學堂相當於中學，各四年畢業。二等學堂招收十三歲至十五歲學生入學。

學習科目為：第一年，英文初學淺言、英文功課書、英文拼法、朗誦書課、數學；第二年，英文文法、英文字拼法、朗誦書課、英文尺牘、翻譯英文、數學並量法啟蒙；第三年，英文講解文法、各國史鑒、地輿學、英文官商尺牘、翻譯英文、代數學；第四年，各國史鑒、坡魯伯斯第一年、格物書、英文尺牘、翻譯英文、平面量地法。

　　其後，盛宣懷又在上海創辦了南洋公學，其中的「中院」，就是中學。此外，舉人出身的俞復在無錫創辦三等公學，其中的「二等學堂」，也是中學。

　　一九零二年，清代朝廷頒布的《欽定學堂章程》，將中學納入了統一學制。章程規定，「由府治所設學堂為中學堂」，稱「官立中學堂」；由私人捐資所設中學堂，稱「民立中學堂」。中學堂修業年限為四年，可分實業科，並應附設師範學堂。

　　隨後頒布的《奏定學堂章程》，將中學的修業年限由四年改為五年，不再分科。除規定府治必須設一所中學外，各州縣如有能力也可酌辦。除官立、民立中學外，地方士紳也可集資自設中學，集自公款的名為公立中學，一人出資的名為私立中學。這些中學準借用地方公所、寺廟等處。

　　這些中學堂學習科目共十二門：修身、讀經講經、中國文學、外國語、歷史、地理、算術、博物、物理及化學、法制及理財、圖畫、體操。每週上課三十六小時。

一九零九年，學部又在學堂章程基礎上奏請仿德國學制變通中學課程，實行文、實分科制，文科重經學，實科重工藝。

清代朝廷創辦的新式大學，首推西元一八九五年盛宣懷奏辦的天津中西學堂的頭等學堂。該學堂修業年限為四年，第一年不分科，課程有英文、製圖、物理、化學、天文、地理、萬國公法、理財學等；第二年以後，各就性質所近，選學一種專門學科。專門學科分工程、電學、礦務學、機器學、律例五科。學生一百二十人，分四班，每班三十人。學生畢業後，「或派赴外洋，分途歷練；或酌量委派洋務職事」。

西元一八九八年，頭等學堂接受京奉鐵路局的要求，特設鐵路班。一九零三年改名為「北洋大學」，學制由四年改為三年，設有土木工程、採礦、冶金等科，成為中國最早的工科大學，也是今天天津大學的前身。

西元一八九七年，盛宣懷又在上海創設南洋公學，其中，建於一九零零年的「上院」，也是大學。學生一百二十名，分四班，每班三十名。學制四年。

最初開辦南洋公學的目的側重於培養政治、外交等方面的人才，「以通達中國經史大義厚植根柢為基礎，以西國政治家日本法部文部為指歸，略仿法國國政學堂之意」。後來培養目標有所變化。

一九零六年春，南洋公學改政治科為商務科，同年秋又增設鐵路科，並改名為郵傳部上海高等實業學堂。次年停辦商務科，成為專設工科的大學，以後學校規模日益擴大，成

為清代末期著名的工科大學，是今天上海交通大學和西安交通大學的前身。

閱讀連結

西元一八九五年十月二日，由光緒皇帝御批，由盛宣懷出任學堂首任督辦的「北洋大學堂」成立，初名「天津北洋西學學堂」。

盛宣懷對新式教育有自己的卓見。他給天津北洋西學學堂的學員定了嚴格的規則，要求學員一定要精鑽本專業，不可心有旁鶩，要循序漸進，不容紊亂，他認為打牢知識基礎很重要，絕不可「學無次序，淺嚐輒止」。

另外，他希望學員結合自己的專業學習外語，這是他有感於當時缺少高技術人才而提出的要求，事實證明很有道理。

▍清代洋務教育的措施

西元一八六一年一月十三日，長期主持清代朝廷外交事務的恭親王愛新覺羅·奕訢，在一篇陳述「御夷之策」的奏摺中，備論「夷禍之烈極」，主張審時度勢，權宜辦理夷務，並提出拯救夷禍之急的「六條章程」。

在這個章程的第五條中，奕訢主張在原設的俄羅斯文館的基礎上，選各省的八旗子弟十三四歲以下之天資聰慧者各四人，學習英、法、美三國文字。

教育之本：歷代官學與民風教化
文明傳遞崇儒重教

　　西元一八六二年八月，在奕訢等人的大力倡議下，同文館正式成立。它的創建是洋務教育的開門之舉，代表著中國近代學校的萌生。

　　同文館的教習，原擬從廣東、上海兩地挑選諳解外語的中國人擔任，後又聘請英國傳教士包爾騰為英文教習，另聘候補八旗官學教習作澍琳充漢文教習。西元一八六三年，又增設法文館、俄文館，並分聘法國傳教士司默靈、俄國人柏林擔任法、俄文教習。

　　西元一八六六年十二月，奕訢提出三條建議：第一，在同文館內增設天文、算學館，講求天文算學等格致原理；第二，提高學生的檔次，從滿漢舉人及「五貢」正途生員中挑選二十歲以外者入館；第三，聘請洋人在館教習天文，算學，以期數年後有所成效。

　　奕訢提出的這三條建議，在當時應該說是富於見識的主張。事實上，除第一條增設天文算學的建議很快得到朝廷的批准外，他的後兩條建議因受舊勢力的頑強抵制，不再有科舉正途出身者投考。自天文算學館創設以後，同文館由一個初級的外語學校，變為一個具有近代化意義的實用科學的學校。

　　擴充後的同文館課程在原先的中文、外語之外，逐步增設了算學、化學、萬國公法、醫學生理、天文、物理等自然科學和社會科學的課程。為洋務教育的進一步擴展開闢了道路。

在同文館的帶動下，洋務派的其他重要人物也紛紛效仿，興辦洋務學堂，使洋務教育在西元一八六零年代形成了初步的聲勢。

諸如：李鴻章於西元一八六三年創辦的上海同文館、一八六四年創廣州同文館，左宗棠於西元一八六七年創辦福建船政學堂，均在當時的教育領域產生了重大的影響，也都屬於早期洋務教育的重要設施。

這些學校為中國培養了最早的一批近代的外語、軍事技術人才和外交骨幹。像著名的翻譯家嚴復、曾任首屆駐日本大使的汪鳳藻等，他們在推動中國近代化、介紹西方先進的自然，社會科學方面發揮了影響力。

此外，早年畢業於福建船政學堂的鄧世昌、林永升、劉步蟾及畢業於上海廣方言館的黃祖蓮等北洋水師將領，在甲午海戰中英勇抵抗日軍侵犯、壯烈犧牲，尤為國人所敬仰。僅此而論，早期洋務教育的成果也是不宜一概抹殺的。

西元一八七零年代至九零年代初，是洋務教育的鼎盛時期。在這一時期內，由於洋務派在朝中頂住了守舊勢力的反對，並占據了總理各國事務衙門及相當一批重要的督撫職位，在朝廷及地方均形成顯赫的實力派，因而得以大力推進洋務學堂的建設。

在當時，洋務派所建的新式學堂達三十餘所。這類學校大體可分為四種類型：

一是兼習西學的外語學堂；二是軍械技術學堂，如江南製造局附設的操炮學堂、工藝學堂及廣東實學館；三是專業

技術學堂，包括電報、醫學、鐵路、礦務、工程等工種；四是水師、武備學堂，屬於專門培養軍事指揮人才和訓練作戰技術的近代軍事學校，如李鴻章創辦的天津水師學堂、天津武備學堂，張之洞創辦的廣東水陸師學堂、湖北武備學堂及江南陸師學堂，曾國荃創辦的江南水師學堂等。

新式學堂的辦學宗旨及課程內容的設置更加務實：在處理中西學術的關係方面，更加突出了「中學為體，西學為用」的原則；而在分設學校的種類方面，則明顯地將軍事教育及與軍事關係密切的專業技術教育，置於重要的位置。

其他與軍事關係較遠的學科，如農業、漁業、金融、交通、水利等，雖於國計民生關係重大，卻沒有占據絲毫的位置，只有湖北自強學堂一度設置商務齋，但也因其流於空談而少實際便又停辦。

洋務教育作為自強運動的一部分，在國家屢遭外國軍事、外交凌辱的情況下，優先發展外語、軍事技術及軍事工業教育，也是必然的選擇。但在經歷了數十年的時間之後，仍然對於教育改革的進程沒有一個統一整體的全國性規劃，導致後繼發展無力，而且沒有獲得廣泛的社會基礎。

西元一八九四年，中日甲午戰爭的爆發，成為了檢驗洋務運動及其教育成果的關鍵性事件，而清軍在這場戰爭中的慘敗，則代表著洋務運動及其教育事業的失敗。

洋務教育是特殊時代的特殊產物，儘管它是在內憂外患的強大壓力下，不得已而為之的被動的教育措施，但畢竟是

邁出了中國教育走向近代化的第一步，並且培養出了中國最早的一批近代化人才。

閱讀連結

　　黃遵憲曾長期擔任駐日使節，在詳細考察了日本的歷史、政治、軍事、教育等國情後，曾經著有《日本雜事詩》及《日本國志》。在書中，黃遵憲備述日本明治維新以來，發展小學義務教育、師範教育及實業教育的重要意義。

　　甲午戰爭失敗後，有人對黃遵憲說：你的書若早一點兒讓大家看到，價值可抵兩億兩銀子。但在甲午戰爭前，既沒有引起應有的重視，黃氏反而因此被斥為「罪大不可逭」。這其實是洋務教育最終走向衰弱的重要原因之一。

國家圖書館出版品預行編目（CIP）資料

教育之本：歷代官學與民風教化 / 鐘雙德 編著 . -- 第一版 .
-- 臺北市：崧燁文化，2020.04
　　面；　公分
POD 版

ISBN 978-986-516-132-3(平裝)

1. 教育制度 2. 中國

670.8　　　　　　　　　　　　　108018557

書　　　名：教育之本：歷代官學與民風教化
作　　　者：鐘雙德 編著
發 行 人：黃振庭
出 版 者：崧燁文化事業有限公司
發 行 者：崧燁文化事業有限公司
E - m a i l：sonbookservice@gmail.com
粉 絲 頁： 　　　　網 址：
地　　　址：台北市中正區重慶南路一段六十一號八樓 815 室
8F.-815, No.61, Sec. 1, Chongqing S. Rd., Zhongzheng
Dist., Taipei City 100, Taiwan (R.O.C.)
電　　　話：(02)2370-3310 傳　真：(02) 2388-1990
總 經 銷：紅螞蟻圖書有限公司
地　　　址: 台北市內湖區舊宗路二段 121 巷 19 號
電　　　話:02-2795-3656 傳真:02-2795-4100　　　網址：
印　　　刷：京峯彩色印刷有限公司（京峰數位）
　　　本書版權為千華駐科技出版有限公司所有授權崧博出版事業有限公司獨家發行
　　　電子書及繁體書繁體字版。若有其他相關權利及授權需求請與本公司聯繫。
定　　　價：250 元
發行日期：2020 年 04 月第一版
◎ 本書以 POD 印製發行